DE LA CONDITION DES FEMMES
EN DROIT ROMAIN

DE LA CONDITION DES FEMMES
EN DROIT FRANÇAIS.

DISSERTATIONS POUR LE DOCTORAT

PRÉSENTÉES

À la Faculté de Droit de Toulouse,

Conformément à l'art. 1 de l'arrêté du 5 décembre 1851, et à l'article 6 de
l'arrêté du 1 février 1853.

Par M. Louis MOLINIER.

AVOCAT.

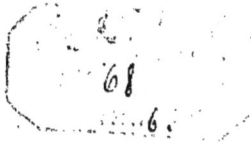

TOULOUSE

TYPOGRAPHIE DE BONNAL ET GIBRAC,
RUE SAINT-ROME, 16.

1856.

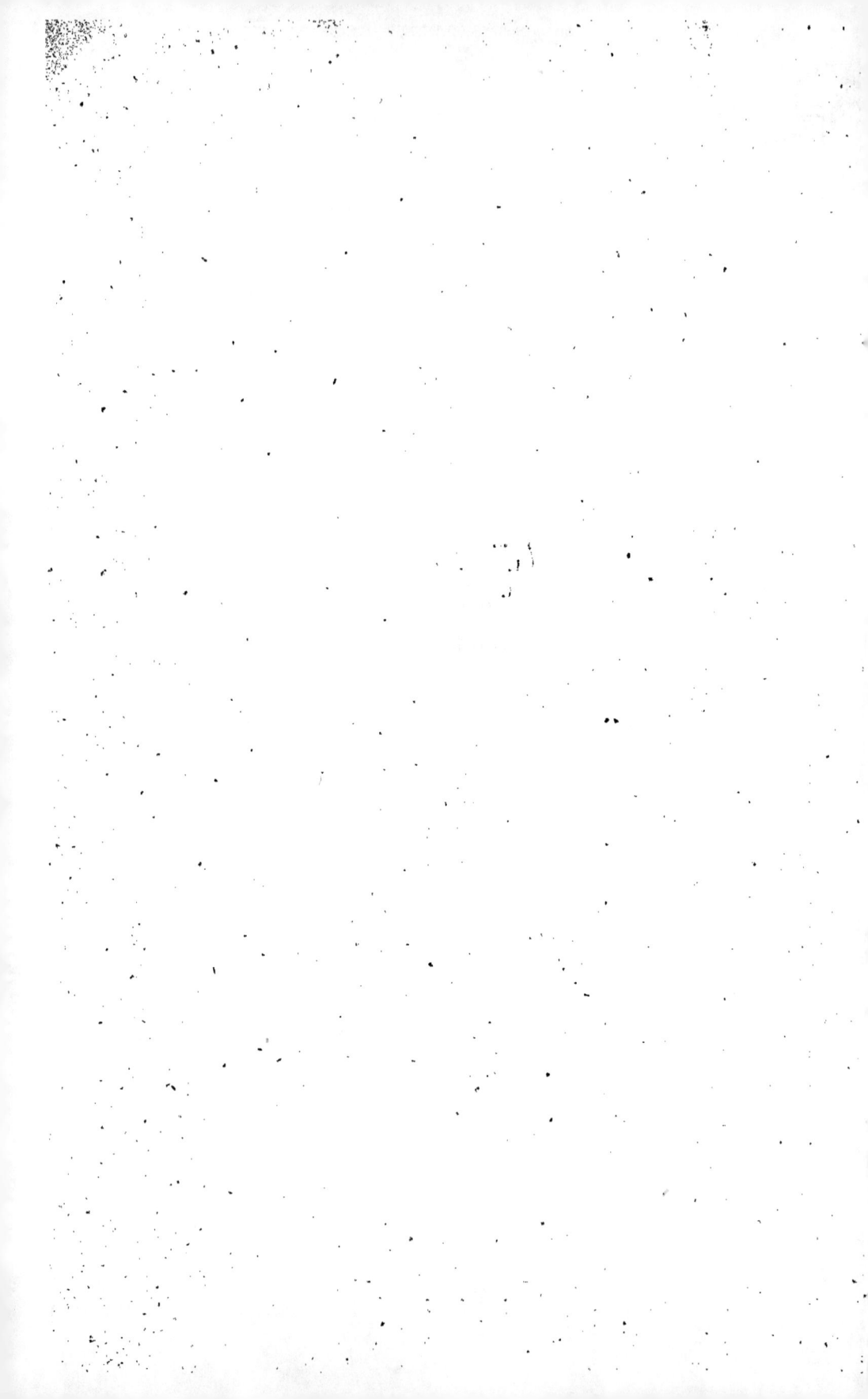

DE LA CONDITION DES FEMMES
EN DROIT ROMAIN.

DE LA CONDITION DES FEMMES
EN DROIT FRANÇAIS.

DISSERTATIONS POUR LE DOCTORAT

PRÉSENTÉES

A la Faculté de Droit de Toulouse,

conformément à l'art. 1 de l'arrêté du 5 décembre 1851, et à l'article 6 de l'arrêté du 1 février 1853.

Par M. Louis MOLINIER,

AVOCAT.

TOULOUSE
TYPOGRAPHIE DE BONNAL ET GIBRAC
RUE SAINT-ROME, 46.

1856.

A mon Père et à ma Mère.

———

A mes Frères et à mes Sœurs.

———

A tous mes Parents et Amis.

C

DROIT ROMAIN.

DE LA CONDITION DES FEMMES A ROME.

Le gouvernement des Romains, faiblement organisé dans son origine, avait besoin, pour se soutenir, de s'étayer sur un pouvoir sagement distribué entre ceux de ses membres qui étaient le mieux en position de le faire marcher. Aussi fit-il de la famille une institution politique et un petit royaume dans lequel le père avait, comme chef, une puissance illimitée. Dans cet état de choses on comprend que la femme devint un être tout-à-fait subalterne, et c'est le rôle qu'elle a dû remplir, soit dans la famille, soit dans la vie civile, que nous nous proposons de rechercher dans ce travail. Si dans les commencements nous trouvons la femme tout-à-fait sacrifiée, nous verrons plus tard sa condition s'améliorer et grandir, jusqu'à ce que la religion chrétienne vienne, par ses sages institutions, faire prévaloir la raison du sang sur la raison politique et proclamer l'égalité des sexes.

Nous examinerons, dans un premier chapitre, la condition civile de la femme dans la famille ; nous rechercherons dans le second la condition civile de la femme dans la société romaine.

CHAPITRE PREMIER.

Condition civile de la femme dans la famille.

SECTION I.

Sa condition chez son père.

A Rome, le chef de famille, *pater familias*, possédait sur ses enfants une puissance presque absolue. Propriétaire de ses enfants comme de ses esclaves, il avait des droits sur leur personne et sur les biens qui leur advenaient. Tout ce qu'ils acquéraient lui appartenait par droit d'accession ; il pouvait les vendre : mais ici une différence profonde existait entre le fils et la fille : la puissance paternelle s'éteignait dans celle-ci plus facilement que dans celui-là. Car, en usant de ce droit sur une fille, le père épuisait sa puissance. Il en était autrement du fils : lorsqu'il était affranchi par l'acheteur, il rentrait aussitôt dans la famille et sous la puissance du père qui l'avait vendu. Une seconde aliénation, suivie d'un second affranchissement, produisait le même effet, car le père n'épuisait son autorité sur le fils que par une troisième vente.

Sous Gaius, la vente solennelle des enfants existait encore ; il est vrai que, le plus souvent, elle n'était que fictive et avait pour but de les libérer de la puissance paternelle : quant à l'abandon en réparation d'un dommage, il se faisait encore sérieusement, mais pour les fils seulement et non pour les filles.

Constantin restreignit beaucoup cette faculté et ne permit la vente des enfants qu'au sortir du sein de leur mère *sanguinolentos*, et quand on y était forcé par une extrême misère. C'est ce dernier droit qui passa dans la législation de Justinien (1).

Le droit de vie et de mort que les Romains attribuaient au père sur la personne de ses enfants, ne l'a jamais autorisé à devenir leur bourreau. Le pouvoir qu'il exerçait dans sa maison était bien moins celui d'un despote capricieux que celui d'un juge souverain, et si l'on accorda au père un pouvoir si étendu, c'est parce que l'on ne pensait pas que les enfants eussent à redouter dans leur auteur une telle juridiction. Si, d'un côté, nous voyons Denys d'Halicarnasse (2) et Papinien (3) attribuer au père de famille un droit absolu et sans contrôle ; d'un autre côté, presque tous les historiens romains nous enseignent que le père ne prononçait jamais une sentence capitale ou même une condamnation ayant une certaine gravité, sans être assisté par un conseil composé de parents et d'amis, c'est-à-dire par le tribunal de famille (4). Paul Orose appelle parricide le père qui agit seul et, dans un autre passage, il rapporte la condamnation d'un père qui avait tué son fils (5). Il ne serait donc pas exact de représenter comme

(1) L. 1 et 2, C. de patrib. qui filios suos distraxerunt.
(2) Liv. II, § 26.
(3) Collectio legum mosaïcarum, tit. IV, cap. VIII.
Voyez Noodt, de partûs expositione et nece apud veteres. Il prolonge ce droit exorbitant du père de famille jusqu'au 4e siècle de l'ère chrétienne. Bynkershoek pense, au contraire, que ce droit n'existait déjà plus sous Antonin le Pieux ; car sous cet empereur il était défendu même de maltraiter les esclaves.
(4) Les membres de ce tribunal étaient même quelquefois chargés de mettre à mort les femmes condamnées par jugement public à la peine capitale (tit. liv. XXIX, 18).
(5) Paul Orose, l. III, chap. 9, et l. V, chap. 16.

absolue la puissance sur la personne des enfants, et le *jus necis ac vitæ* devrait du moins être relégué dans la catégorie des notions douteuses. Ainsi nous pensons que la puissance paternelle, agissant sans contrôle, ne pouvait dépasser les simples actes de correction.

Lorsque le père, en mariant sa fille, n'avait pas abdiqué son pouvoir, soit en l'émancipant, soit en le faisant passer *in manu mariti*, il conservait sur elle un droit de propriété même pendant le mariage ; car il pouvait user contre son gendre du droit que lui donnait l'interdit *de liberis exhibendis*, de revendiquer son enfant dans les mains de celui-ci, comme il l'aurait pu dans celles d'un étranger. Toutefois nous serions assez portés à admettre cette restriction d'Heineccius, qui ne lui accorde cette faculté que dans le cas où la fille s'est mariée sans son consentement (1).

Le père jouissait encore d'un pouvoir plus exorbitant sur sa fille mariée, pouvoir que nous aurions peine à comprendre si des textes positifs ne venaient nous le révéler ; il pouvait faire briser par un divorce l'union qu'il avait lui-même fait contracter à sa fille (2). Toutefois les mœurs vinrent adoucir ces duretés légales, et cette toute-puissance qui, il est vrai, se maintint assez longtemps dans toute sa sévérité, finit par disparaître et fit place à des idées plus humaines.

D'après cette organisation de la famille, il est facile de comprendre que la fille n'avait, du vivant du père, aucun droit sur les biens de celui-ci ; elle était au contraire pour lui un instrument d'acquisition. Elle ne pouvait, par conséquent, forcer son père à lui fournir une

(1) *Antiq. Rom.*, lib. 1, tit. X, § 15.
(2) Ulp. tit. VI, § 10.

dot pour la marier : en le faisant, le père n'accomplissait pas une obligation, mais un devoir pieux. Cet état de choses fut modifié par les lois *Julia* et *Papia Poppæa*, qui renversèrent l'ancienne constitution de la famille et l'adaptèrent aux besoins de l'époque. Le père, dépouillé de son ancienne omnipotence, se vit légalement contraint à marier sa fille et même à la doter convenablement (1). Un texte de Marcien s'exprime ainsi sur ce point : *Capite trigesimo quinto legis Juliæ : qui liberos, quos habent in potestate, injuriâ prohibuerint ducere uxores vel nubere, vel qui dotem dare non volunt ex constitutione divorum Severi et Antonini, per proconsules præsidesque provinciarum* COGUNTUR IN MATRIMONIUM COLLOCARE ET DOTARE; *prohibere autem videtur et qui conditionem non quærit* (2). Nous pourrions citer encore, à l'appui de cette opinion, une constitution de Justin (3) et d'autres textes qui, quoique conçus d'une manière générale, n'en imposent pas moins au père l'obligation de doter sa fille, qu'elle soit sous sa puissance ou émancipée, riche ou pauvre. La mère devait être soumise à la même obligation, puisque le motif de décision était le même dans les deux cas; néanmoins la loi se montra moins exigeante à son égard : *Neque mater pro filiâ dotem dare cogitur*, NISI EX MAGNA CAUSA VEL LEGE SPECIALITER EXPRESSA: *neque pater de bonis uxoris suæ invitæ ullam dandi habet facultatem.*

Dans l'origine la liberté de tester n'avait pas de limites. Maître absolu de tout ce qui était sous sa puissance, le père de famille pouvait en disposer à son gré; sa

(1) HEINECCIUS, *ad leg. Jul. et Pap. Popp.*, lib. II, cap. 20, §3.
(2) Liv. XXIII, tit. II, l. 19, D. *de ritu nuptiarum.*
(3) L. ult., C. *de dotis promis.*

volonté avait force de loi. Les Douze Tables l'avaient
déclaré expressément en ces termes : *Uti legâssit suæ
rei, itâ jus esto.* Le droit civil lui imposa dans la suite
le devoir rigoureux de mentionner ses *heredes sui* dans
son testament, en les instituant ou en les exhérédant
formellement. Mais on poussa la rigueur beaucoup plus
loin lorsqu'il s'agit d'un fils que lorsqu'il fut question
d'une fille : celui-là devait être exhérédé nominativement, et son omission entraînait la nullité du testament,
tandis que, pour celle-ci, le testateur n'avait pas besoin
de la mentionner dans son testament ; il suffisait, pour
l'exclure de l'hérédité, de l'exhérédation faite par une
clause générale, et son omission ne rendant pas le testament nul, ne donnait lieu qu'à une modification de
la succession testamentaire en sa faveur. Le droit prétorien prit sous sa protection, d'une manière analogue,
les descendants naturels émancipés, en ce sens que,
malgré leur émancipation, ils seraient censés *sui*. En
effet quoique, d'après le droit civil, la prétérition de la
fille émancipée ne nuisit pas à la validité du testament,
et que le préteur ne vît pas là un défaut assez essentiel
pour refuser en général, pour ce motif, la *secundum tabulas bonorum possessio,* il accordait cependant à la fille
émancipée omise, la faculté de renverser le testament
de l'ascendant, en demandant une *contrà tabulas bonorum possessio.* Par ce moyen une succession toute spéciale, en partie contraire, en partie conforme à la teneur
du testament, était ouverte, tant au profit de la fille
prétérite que des enfants institués. Cette protection,
que le préteur accorda aux enfants lésés dans leurs
droits, fit prévaloir la raison du sang sur le caprice de
la raison humaine.

L'obligation d'instituer ou de déshériter formellement

ses *sui et emancipati* ne renfermait qu'une restriction de
forme pour le testateur, puisqu'il n'était nullement contraint par là à laisser quelque chose à ces personnes,
dès qu'il observait la forme de l'exhérédation. A côté de
cette obligation, mais sans s'y rattacher d'ailleurs nullement, un nouveau devoir s'établit peu à peu pour le
testateur, d'abord par une jurisprudence variable et
incertaine, qui plus tard fut confirmée et fixée par les
lois. Il devait laisser dans son testament, à certains
proches parents qui avaient droit à la succession *ab
intestat* et, par conséquent, à ses filles, à moins que, par
leur mauvaise conduite, elles n'aient mérité d'être
exclues, une partie légalement déterminée de la portion
héréditaire qui leur serait revenue *ab intestat*, *portio
lege debita seu legitima*. Les prudents supposèrent qu'une
exhérédation ou qu'une omission injuste qui blessait
les sentiments de la nature, ne pouvait provenir d'un
esprit sain, et, sous prétexte de démence, permirent de
rescinder un testament dont une véritable folie entraînerait la nullité. Ainsi, comme le démontrent les détours
qu'on fut obligé de prendre, c'est par l'interprétation
des prudents que la plainte contre le testament inoffi-
cieux, *querela inofficiosi testamenti*, a été introduite. Le
système de succession *ab intestat*, créé par la loi des
Douze Tables, et successivement modifié par le droit
prétorien, par des sénatus-consultes et par des constitutions impériales, présentait l'image d'une lutte établie
entre le droit civil, ne reconnaissant dans la famille
qu'une institution politique, indépendante de l'origine
et du sang, et le droit naturel, reposant sur l'affection et
la communauté d'origine. La femme, dans cet état de
choses, se voyait très souvent rejetée de la succession
paternelle, au profit de parents éloignés que lui préfé-

rait la loi civile. Justinien crut enfin devoir refondre cette partie de la législation en substituant un système uniforme, reposant sur les liens de parenté, à celui que tant de dérogations successives avaient compliqué tout en le dénaturant. Il abolit cette différence injuste que la loi établissait entre l'homme et la femme, proclama l'égalité des sexes et consacra ce système de succession que nous trouvons encore aujourd'hui dans nos lois (1).

Le droit de succession entre les agnats était, depuis la loi des Douze Tables, réciproque, sans aucune distinction de sexe. Mais, par une interprétation de la loi *Voconia*, les prudents exclurent les femmes autres que les sœurs consanguines, du droit d'hériter de leurs agnats : *ad feminas ultrà consanguineorum gradum legitima hereditas non pertinet.* Ulp. fragm. tit. XXVI, § 6, *de legit. hæred.* Ainsi le neveu recueillait l'hérédité de sa tante paternelle, tandis que celle-ci se trouvait incapable de succéder à son neveu. Cette inégalité introduite par des motifs politiques, *voconiâ ratione* (2), subsista jusqu'au moment où les préteurs vinrent en atténuer les effets, en accordant aux femmes la possession de biens, *undè cognati.* Justinien préféra le principe d'unité et de simplicité posé par la loi des Douze Tables à l'interprétation des prudents. Tout en rendant

(1) Novelle CXVIII, chap. 4.

(2) Paul. sent. l. IV, tit. VIII, § 22.

La loi Voconia eut pour objet de mettre un frein au luxe des femmes, à l'esprit d'orgueil et de domination qu'elles puisaient dans le sentiment de leurs richesses ; de prévenir, d'autre part, la dépendance humiliante dans laquelle elles maintenaient souvent leurs maris débiteurs. Tels sont les puissants motifs de cette réaction contre l'émancipation des femmes, dont Caton et son parti se firent les champions vers la fin du VIe siècle de Rome.

hommage au tempérament d'équité admis par la jurisprudence prétorienne, il ne jugea pas cependant que ses
auteurs eussent assez fait dans l'intérêt des femmes.
Pour compléter la réforme qu'ils avaient commencée,
il rétablit, entre les agnats des deux sexes, le système
d'égalité et de réciprocité consacré par les décemvirs, et
dès-lors les femmes, sans aucune distinction de degré,
furent réintégrées dans le droit de succéder à leurs
agnats du sexe masculin, dans les mêmes cas où ceux-ci
auraient pu succéder aux femmes.

Nous avons ainsi parcouru la condition des filles
romaines, dans la famille de leur père et les droits qui
leur étaient attribués par la loi, et nous avons été
frappés d'une chose, c'est que le pouvoir si étendu
qu'exerçait le père de famille, soit sur les biens, soit
sur la personne de ses enfants, ne pouvait porter atteinte
à leur liberté : *Libertati à majoribus tantum impensum
est, ut patribus, quibus jus vitæ in liberos, necisque potestas (olim) erat permissa, libertatem eripere non liceret* (1).

SECTION II
Condition de la femme mariée.

Le mariage, chez les Romains, n'était pas pour
la femme un moyen de conquérir sa liberté. Loin
de devenir l'égale ou l'associée de son époux, la
femme reprenait dans la famille de celui-ci la même
place qu'elle venait de quitter dans celle de son
père. Elle n'était que la fille adoptive de son mari, et
la loi la considérait comme la sœur de ses propres

(1) L. 10, C. *de patrià potest.*; LAFERRIÈRE, *histoire du Droit
civil de Rome et du Droit français*, t. I, p. 68.

enfants (1). Tout ce qu'elle possédait au moment du
mariage devenait aussi la propriété de son époux, en sa
qualité de chef de famille. De même, pendant le mariage,
tout ce que sa femme acquérait à quelque titre que ce
fût, revenait au *pater familias*, car elle était *alieni juris*
comme les enfants et les esclaves de celui-ci. Quant
aux liens de la femme avec la famille paternelle, la
puissance maritale (*manus*) les rompait complétement.
En entrant dans la famille de son mari, la femme
devenait étrangère à sa propre famille, son père perdait sur elle la puissance paternelle, et ses agnats étaient
privés des droits de tutelle et de succession qui pouvaient leur échoir.

Mais la *conventio in manum mariti* n'était pas une
condition nécessaire et une conséquence immédiate du
mariage; il suffisait du seul consentement des époux
pour produire les justes noces, *justæ nuptiæ seu matrimonium*. Nous serions néanmoins portés à croire que la
conventio in manum, quoiqu'elle ne fût pas de l'essence
du mariage, accompagnait, dans les premiers temps, tous
les mariages romains (2). En effet, puisque, au point
de vue juridique, toute femme, à raison de son sexe,
devait être placée sous la protection d'un homme, la
manus mariti paraissait être le mode de protection
qui répondait le plus naturellement au but moral du
mariage.

Des rites symboliques pouvaient accompagner le

(1) Son mari ne pouvait cependant user à son égard, comme envers
ses enfants, des droits de puissance paternelle, qui auraient été contraires à la nature du mariage, tels que ceux de vendre son épouse ou
de la livrer en noxe ; car, s'il le faisait, il était dévoué aux dieux infer-
naux. Gaius IV, 80.

(2) DENYS D'HALICARNASSE, liv. II, chap. 25.

contrat en lui-même purement consensuel. La *confarrea-tio*, sacrifice solennel que fesaient les époux à Cérès, et dans lequel figurait le gâteau sacré de fleur de froment (*farreus panis*) était pratiquée dans les familles patriciennes destinées à donner aux autels une postérité sacerdotale. On la retrouve encore en vigueur du temps de Gaius (1).

La *coemptio* représentait l'achat de la femme romaine par le citoyen qui voulait l'acquérir pour épouse (*coemptionator*) et qui employait, dans ce but, les formes solennelles de la mancipation. Le mari obtenait par ces deux modes sur sa femme la puissance absolue, *manus*. L'épouse portait alors le titre pompeux, mais menteur, de *materfamilias*. Si le mari avait négligé d'accompagner son mariage de ces formalités, il lui restait encore un moyen d'acquérir la *manus* sur sa femme, c'était l'usucapion. D'après la loi des Douze Tables, la femme pouvait, comme les objets mobiliers, s'acquérir par la possession d'une année, de sorte que, si elle voulait éviter la *manus*, elle devait, chaque année, pour interrompre l'usucapion, s'éloigner, pendant trois nuits consécutives, du toit conjugal, *usurpatio trinoctia* (2). Dans le cours des temps, le mariage avec *conventio in manum* devint de plus en plus rare, et disparut enfin complétement sous les empereurs chrétiens.

A côté du mariage qui avait pour conséquence la *manus* et brisait tous les liens entre la femme et sa propre famille, s'introduisit de bonne heure le mariage libre, parfaitement reconnu par la loi et procréant par conséquent des enfants légitimes et soumis à la puissance paternelle, mais débarrassé des formes qui pro-

(1) Gaius, I, 112.
(2) Gaius, I, 111.

duisaient l'autorité maritale, et par lequel la femme, tout en vivant avec son époux, n'entrait point dans sa famille, restait dans la dépendance de ses propres parents et gardait, en un mot, sa famille, ses dieux et ses biens.

Si, dans le mariage avec la *manus*, l'individualité de l'épouse était trop absorbée par la puissance maritale, on peut dire que, dans le mariage libre, la femme était restée trop étrangère aux intérêts de son époux. Nous avons peine à comprendre comment on pouvait appliquer à l'une de ces positions extrêmes la belle définition théorique du mariage de Modestinus : *Conjunctio maris et feminæ, et consortium omnis vitæ, divini et humani juris communicatio* (1).

Dans le mariage libre, la femme qui portait le nom de *uxor* et de *matrona*, restait dans la puissance des siens; quant à la fortune, il y avait la séparation la plus absolue entre les biens des époux, et ce principe était poussé jusque dans ses dernières conséquences; ils pouvaient s'intenter réciproquement une action pour fait de soustraction (2) ou bien l'*actio legis Aquiliæ*.

Quelle que soit la savante et politique combinaison des institutions, les sentiments naturels de l'humanité reprennent toujours le dessus. La *manus* avait soumis l'épouse romaine à une dépendance voisine de l'asservissement; les femmes s'y dérobèrent en adoptant la forme du mariage libre: celui-ci avait envahi les mœurs romaines du temps de Caton, qui s'opposa de toutes ses forces à l'émancipation des femmes; il fut l'un des plus chaleureux défenseurs de la loi Oppienne, dirigée con-

(1) L. 1, D. *de ritu nuptiarum.*
(2) L. 1, D. *de act. rer. amot.*

tre le luxe des matrones romaines (1), et ses efforts pour
faire adopter la loi *Voconia* avaient pour but principal
de remédier aux abus provenant des mariages libres,
et d'empêcher la concentration de trop grandes richesses dans les mains des femmes. Mais que peuvent les
lois dans certains moments contre le courant des
mœurs? Le mariage libre n'en continuait pas moins à
remplacer de plus en plus le mariage *in manu*.

Au temps de Gaius, c'est-à-dire au 2ᵉ siècle de l'ère
chrétienne, l'une des trois formes matrimoniales pour
acquérir la *manus* avait entièrement disparu; c'était la
possession par laquelle le mari acquérait sa femme
comme une simple chose, *usucapio*; quant à la *confarreatio*, elle n'était plus admise que parmi les anciennes
familles patriciennes, parce que certaines charges pontificales ne pouvaient être confiées qu'à des hommes
issus d'un tel mariage. Tacite raconte que, sous Tibère,
déjà les femmes ne voulaient plus faire la *confarreatio*
pour éviter de tomber sous la puissance de leurs maris,
à tel point qu'on était menacé de ne plus savoir où
recruter le sacerdoce. Le sénat prit une décision permettant de faire la *confarreatio ad sacra tantum*; la
femme conservait ainsi son indépendance, et ses enfants pouvaient aspirer aux dignités sacerdotales (2).

(1) Cette loi leur interdisait de porter sur elles plus d'une demi
once d'or, de se parer de vêtements de diverses couleurs, et de faire
usage de voitures à Rome ou dans d'autres villes, ou à un mille de
leur enceinte, sauf le cas de sacrifices publics. Elle excita chez les
dames un mécontentement général; elles parvinrent à la faire révoquer 18 ans après sa promulgation.

Pline raconte à ce sujet qu'il a vu une Romaine nommé Lollia portant, à un souper, près de quatre millions de sesterces de perles, liv.
IX, nᵒ 58.

(2) *Annal. Tacit.* lib. IV, tit. XVI.

La *coemptio* était, par conséquent, à cette époque, la seule forme de mariage en usage pour acquérir la puissance maritale. Cette coutume se retrouve, d'après Strabon, dans les plus anciens usages des Indes (1). Ce mode finit même par tomber en désuétude et, sous Justinien, nous ne trouvons plus de traces de la *manus*.

Dans les mariages où la femme était en puissance maritale, le régime qui régissait ses biens était fort simple. Elle n'avait rien, ne possédait rien, n'acquérait rien pour elle ; tout revenait au mari en sa qualité de *pater familias*, et par suite de la *conventio in manum* qui constituait un titre universel d'acquisition sur la femme, ainsi que sur tout ce qu'elle possédait et pourrait posséder à l'avenir. A la dissolution du mariage par la mort de l'époux, elle partageait la succession par portions égales avec ses enfants ; à leur défaut, elle prenait tout comme unique héritière, car elle était considérée comme une fille dans la famille de son mari. Si, au contraire, l'épouse mourait la première, le mari gardait tout, même ce qu'elle avait pu apporter en mariage, et n'était tenu à aucune restitution. Nous ne voyons dans ce régime primitif aucune trace de dotalité ; car le mari investi de la *manus* avait seul la propriété de tous les biens matrimoniaux. Il s'opérait une confusion du patrimoine de la femme avec celui du mari, sauf, à partir du 6ᵉ siècle, le cas d'action ou de caution relative à la *res uxoria* pour cause de divorce.

Ce fut le mariage libre qui engendra le régime dotal. Ce mariage fut en usage chez les citoyens, dès une époque fort reculée, puisque la loi des Douze

(1) Strabon, liv. XV.

Tables s'occupa des précautions à prendre par la femme pour éviter de tomber en la puissance de son mari. Le régime dotal ne dut guère tarder à se former, lorsque le mariage libre devint d'un usage fréquent dans les mœurs romaines. La femme, dans cet état de choses, ne faisant plus partie de la famille de son mari, demeurait sous la puissance de son père ou sous la tutelle de ses agnats; tous ̣ ns qui lui advenaient, passaient dans les mains de ses parents, comme si elle n'eût pas été mariée. Mais il fallait bien cependant que la femme contribuât pour sa part à supporter les charges du mariage : elle le fit au moyen de la dot. Dans l'origine, la dot fut acquise au mari, aussi irrévocablement que l'était, dans le mariage avec *manus*, la fortune entière de l'épouse : *dotis causa perpetua est, et cum voto ejus qui dat, ità contrahitur, ut semper apud maritum sit*, l. 1, D. *de jure dotium.*

Ce fut l'apparition du divorce qui porta la jurisprudence à établir la règle de la restitution de la dot pour le cas de divorce, puis pour celui de dissolution du mariage par le décès du mari; mais cette règle ne devint applicable au décès de la femme que dans la législation de Justinien ; car, du temps d'Ulpien (1), la dot, en cas de prédécès de la femme pendant le mariage, demeurait, en règle générale, au mari, sauf deux exceptions : le père qui avait constitué la dot, avait un droit de retour légal pour la reprendre; tout autre constituant pouvait stipuler ce droit de retour. Lorsque l'obligation fut imposée au mari de conserver la dot pour la rendre lors de la dissolution du mariage, le régime dotal commença à se produire avec tous ses caractères distinctifs,

(1) Ulp. *reg.* tit. VI, § 4 et 5.

L'inaliénabilité de la dot n'est pas de l'essence du régime dotal ; ce n'est qu'une garantie de la conservation de la dot. C'est par la loi *Julia* qu'Auguste l'introduisit dans la législation. Déjà nous la trouvions au moins en germe dans le caractère même du régime dotal. Car la femme ne pouvait aliéner sa dot puisqu'elle n'en était pas propriétaire. Si le mari l'aliénait, il demeurait débiteur, lors de la dissolution du mariage, du prix qu'il en avait retiré (1). Enfin la femme ne pouvait demander la restitution de la dot pendant le mariage, et le mari de son côté ne pouvait la lui restituer valablement. Mais tout cela n'empêchait pas le mari de devenir insolvable, et dès lors la dot était perdue pour la femme.

Auguste porta remède à cet état de choses par la loi *Julia*, qui garantit aux femmes la conservation de leur dot, afin qu'après la dissolution du mariage, elles ne se trouvassent pas, par leur misère, dans l'impossibilité d'en contracter un second. C'est dans ce sens que doit s'entendre cette maxime devenue célèbre : *interest reipublicæ dotes mulierum salvas fore, propter quas nubere possunt.* La loi *Julia* ne défendait l'aliénation de la dot par le mari que lorsque la femme n'y consentait point, tandis qu'elle prohibait l'hypothèque même avec son assentiment. Justinien étendit la loi d'inaliénabilité au fonds dotal situé dans les provinces, et il défendit l'aliénation aussi bien que l'affectation hypothécaire, même avec le consentement de la femme.

Bien que le principe d'inaliénabilité n'ait pas changé la nature du régime dotal, il a, du moins, apporté une grave restriction au droit de propriété du mari sur la

(1) L. 64, D. *de solut. matrim.*

dot, qui, dans l'origine, avait été complet et absolu :
en prohibant au mari l'aliénation du fonds dotal, on
ne lui reconnut qu'un domaine imparfait et résoluble,
assimilé à celui du grevé de restitution, et la jurisprudence finit par ne voir plus en lui qu'un usufruitier.

Le principe de l'inaliénabilité du fonds dotal a passé
dans nos lois. Mais le motif qui l'y maintient n'est plus
le même que celui qui lui a donné naissance et qui,
du reste, ne fut que le prétexte de son introduction
dans les lois et non sa véritable cause. N'est-il pas
juste, en effet, que la femme, si elle ne peut, pendant
le mariage, augmenter sa fortune, ne coure pas au
moins le risque de la perdre ou de la voir dissipée par
un mari prodigue ?

Nous allons dire quelques mots des libéralités que
pouvaient se faire les époux soit avant, soit pendant le
mariage ; car cette matière se lie intimément au régime
dotal que nous venons d'examiner. Les donations faites
par le mari à sa femme qui était sous sa puissance, *in
manu*, n'étaient pas seulement prohibées, mais encore
impossibles. Car, la femme n'étant pas une personne
sui juris, ne possédant rien, ne pouvait ni donner ni
recevoir de son mari. Dans le mariage libre au contraire, la fréquente inégalité de fortune entre les époux
faisait une obligation au législateur de prévenir l'ob-
session de la femme ou les violences du mari. D'ailleurs la liberté du divorce dans les mariages romains
était un autre puissant motif pour défendre les donations entre époux. La loi, dans la prévision d'un divorce toujours possible, devait les empêcher de se dépouiller l'un en faveur de l'autre. Ce ne fut que bien
tard, sous Antonin-le-Pieux, qu'un sénatus-consulte

vint adoucir l'ancienne sévérité de la loi en permettant ces donations, tout en les déclarant révocables pendant toute la vie du donateur (1).

Mais la prohibition de s'entre-donner entre vifs n'existant que pendant le mariage, le fiancé faisait souvent, avant le mariage, une donation à sa future ; cette donation qu'il ne faut pas confondre avec les *munera sponsalia*, simples cadeaux de noce qui devaient être restitués si le mariage ne s'ensuivait pas (2), portait le nom de *arrha sponsalia* ou *donatio ante nuptias*. Le mariage une fois conclu, cette donation appartenait à la femme. A cette institution de *l'ante nuptias donatio* qu'ils avaient trouvée établie, Justin, et plus complétement encore Justinien, rattachèrent une institution toute différente, entièrement de leur création. D'après eux, le mari ou celui sous la puissance duquel il était placé, devait, quand il y avait eu constitution de dot, donner à la femme, comme contre-dot, *antipherna*, une certaine quantité de biens égale à la dot. Ces biens, qui avaient une destination semblable à celle de la dot, savoir : de garantir de la misère la femme et les enfants, si le mari tombait en déconfiture, étaient administrés par le mari, mais formaient, durant le mariage, un patrimoine séparé, appartenant à la femme, et devaient lui être délivrés par le mari dans certains cas et principalement lorsqu'elle était répudiée par lui sans cause suffisante, ou lorsque

(1) L. 32, § 2, D. *de donat. inter vir. et uxorem.* On pouvait appliquer à ces donations ce passage, relatif aux legs et aux fidéicommis : *ut sit ambulatoria voluntas ejus usque ad vitæ supremum exitum,* id., § 3.

(2) *De donat. ante nupt.*

celui-ci lui donnait un juste motif de divorcer. Comme la femme pouvait dans ces cas exiger la restitution de la dot, elle pouvait en même temps réclamer la donation à cause de noces; mais elle n'acquérait la libre disposition ni de l'une ni de l'autre. Elle devait se contenter de les administrer, d'en jouir et d'en employer les revenus à subvenir aux besoins de la famille. Nous croyons donc que l'assimilation de la donation à cause de noces à la dot, doit s'entendre dans l'acception la plus étendue; que la donation à cause de noces fut réellement la dot du mari, dot apportée par lui dans le même but que celle de la femme, soumise au même régime pendant le mariage et au même sort après sa dissolution. C'est ainsi que, par l'institution de la donation à cause de noces, l'ancien régime dotal des Romains se trouva considérablement modifié; car, au lieu d'une dot, il y en eut désormais deux, celle de la femme et celle du mari, et il se forma de ces deux apports une masse commune, destinée à subvenir aux charges du mariage, placée sous l'administration du mari et toujours distincte des biens propres des deux époux. Du reste, cette donation pouvait être constituée comme la dot elle-même, non seulement avant, mais encore après le mariage ou lors du mariage, d'après une réforme de Justinien; aussi cet empereur déclara-t-il qu'elle s'appellerait *propter nuptias donatio.*

Nous trouvons dans la novelle **22** de Justinien, au chap. XVIII, le motif dominant qui, à notre avis, détermina cet empereur à établir la *donatio propter nuptias:* il voulait par là assurer à la femme une indemnité en cas de répudiation. Il dit en effet dans cette novelle que la femme, à laquelle il n'a pas été fait de *donatio propter* *nuptias*, doit gagner un quart de la fortune du mari, lorsqu'elle est répudiée sans cause ou lorsque une faute du mari donne lieu au divorce. Justinien donne pour motif exprès de cette disposition qu'il ne faut pas que le mari, parce qu'il n'aura point fait de *donatio propter nuptias* à sa femme, se trouve libre de la chasser impunément. C'est aussi sur ce principe que repose la règle de l'égalité de la donation à la dot.

Lorsque la dissolution du mariage arrivait par la mort du mari, la femme *in manu* ne retirait pas les biens qu'elle avait apportés ou qu'elle avait acquis ; car ils étaient devenus la propriété du mari. Seulement elle partageait le patrimoine de la famille par portions égales avec ses enfants, qui étaient, comme elle, sous la puissance du *paterfamilias* ; s'il n'en existait pas, elle prenait le tout comme unique héritière (1).

Le mariage avec *conventio in manum mariti* avait, dans ce cas-ci, pour la femme, un avantage sur le mariage libre qui l'excluait de tout droit successif sur les biens de son mari. Le préteur corrigea plus tard ce qu'il y avait de cruel et d'injuste dans cette exclusion. Il établit, en l'absence de tous parents au degré successible un droit de succession *ab intestat* entre le mari et la femme par la *bonorum possessio undè vir et uxor*. La femme fut ainsi préférée au fisc, et put, dans quelques cas rares seulement, recueillir, à la mort de son conjoint, une succession dont elle avait augmenté ou même composé l'émolument par l'ordre et l'économie qu'elle avait fait régner dans sa maison. Cette faveur n'était même accordée qu'aux mariages contractés par de justes noces, dont les conjoints étaient ingénus, et qui n'avaient

(1) Gaius III, 3.

jamais fait divorce. Cet état de choses se maintint et passa dans la législation de Justinien, qui y ajouta quelques dispositions nouvelles toutes favorables aux époux. Il voulut, en effet, que le conjoint survivant dont le mariage n'avait été pourvu ni de dot ni de donation à cause de noces, pût venir prendre dans la succession de son conjoint, le quart de ses biens, s'il avait laissé trois ou moins de trois enfants, et une portion virile seulement, s'il en avait laissé un plus grand nombre, avec cette restriction, toutefois, que dans le cas où les enfants survivraient à l'époux successeur, celui-ci n'aurait droit qu'à l'usufruit de sa part héréditaire, tandis que, s'ils mouraient avant lui, il en acquérait, par leur mort, la pleine propriété (1). Mais ces dernières dispositions ne constituent pas un principe dans le droit romain et sont plutôt une exception sans influence sur l'esprit général de la législation qui a traversé le moyen âge et est venu se fixer dans nos Codes.

La loi romaine accorda plus de faveurs à la mère qu'à l'épouse ; mais ce ne fut que par des empiétements successifs sur les principes du Droit civil. D'après la loi des Douze Tables, toute succession était impossible entre la mère et les enfants : le Droit prétorien n'avait point osé aller contre une règle si intimement liée à l'organisation de la famille romaine : aussi n'admettait-il la mère à succéder à ses enfants et réciproquement qu'en troisième ordre, en raison de la proximité de cognation, c'est-à-dire après tous les héritiers appelés par le droit civil. L'empereur Claude accorda le premier à une mère l'hérédité de ses enfants par préférence

(1) L. uniq. C. *undè vir et uxor*; Nov. LIII, chap. VI; Nov. LXXIV, chap. V; Nov. CXVII, chap. V.

à tous les agnats de ceux-ci, pour adoucir le regret qu'elle avait de les avoir perdus, ce qui fit donner à cette hérédité les noms de *tristis successio, luctuosa hæreditas*. Cette faveur exceptionnelle devint bientôt un principe général en 911, sous le règne d'Antonin-le-Pieux qui, par un sénatus-consulte, connu sous le nom de Sc. *Tertullien*, fit passer la mère de la classe des cognats, dans celle des agnats, en l'appelant, en cette qualité, à la succession de ses enfants décédés *intestat* (1).

Ce droit nouveau qui avait pour fondement les liens du sang et non plus la puissance, fut accordé aux mères sans aucune distinction entre celles qui seraient *alieni juris* et celles qui seraient *sui juris*, entre les successions délaissées par les enfants du sexe masculin ou du sexe féminin, par les enfants légitimes, naturels ou *vulgo quæsiti*.

Les droits nouveaux dont ce sénatus-consulte dota les mères exclusivement, furent subordonnés au concours de deux conditions : 1° les mères devaient avoir le *jus liberorum* ; 2° elles devaient veiller à ce que leurs enfants fussent pourvus de tuteurs; sans cela, si les enfants décédaient impubères, elles étaient privées de tout droit sur leur succession.

Le sénatus-consulte Tertullien n'entendit pas cependant accorder à la mère un droit de préférence absolu sur tous les autres héritiers. Elle fut toujours exclue par les descendants du défunt héritiers siens, ou appelés par le préteur, par le père et par les frères consanguins; elle concourait avec les sœurs consanguines et excluait les ascendants autres que le père. Ainsi, le seul bénéfice conféré à la mère par la législation nouvelle qui

(1) *Ulpiani regularum*, lib. tit. XXVI, § 7.

s'était imprégnée de l'esprit des lois Papiennes, fut de lui donner la préférence sur tous les agnats du défunt autres que les consanguins. Des constitutions impériales modifièrent quelquefois le droit consacré par le sénatus-consulte Tertullien; mais Justinien posant, selon son usage, des règles à la fois plus simples et plus uniformes, n'exigea pas, pour qu'elles pussent jouir des prérogatives à elles accordées par le sénatus-consulte Tertullien, le *jus liberorum*, et les fit concourir avec les agnats sans distinction : innovation mémorable par laquelle la femme balança les droits attribués à la parenté masculine et qui rendit à la nature l'une de ses prérogatives les plus sacrées.

Mais ce sénatus-consulte était incomplet, en ce sens qu'il n'avait attribué aucun droit de réciprocité aux enfants sur la succession de leur mère. Etrangers à la famille civile de celle-ci, puisqu'ils étaient toujours en dehors de sa puissance, les enfants confondus dans la classe des cognats, au moins dans le mariage libre, ne pouvaient venir à la succession maternelle qu'en troisième ordre, en ayant recours à la possession de biens *undè cognati*, que le préteur avait ouverte à tous les cognats.

Vingt ans après le sénatus-consulte *Tertullien*, sous le règne de Marc-Aurèle, un sénatus-consulte nouveau rendu sous le consulat d'Orphitus vint modifier un ordre de succession si peu en harmonie avec les lois de la nature; il conféra aux enfants le droit d'agnation, en leur permettant de recueillir l'hérédité de leur mère décédée *intestat*, par préférence à tous les consanguins et à tous les autres agnats de celle-ci. Attribué d'abord exclusivement aux enfants du premier degré, ce droit fut, dans la suite, étendu aux petits enfants, par une constitution des empereurs Valentinien, Théodose et Arcadius. Le sénatus-consulte Orphitien, s'appuyant sur les liens du sang, ne fit aucune distinction entre les enfants *naturels, vulgo quæsiti,* ou *légitimes,* qu'ils fussent *sui* ou *alieni juris.*

Il nous reste à faire une observation commune aux deux sénatus-consultes, c'est que la *minima capitis diminutio* qui détruit d'ordinaire les liens d'agnation, n'exerçait aucune influence sur ces agnats d'origine récente, dont les droits s'appuyaient sur des liens naturels de parenté (1).

Le divorce fut admis de tout temps chez les Romains. On attribue à Romulus une loi qui indiquait les causes pour lesquelles on pourrait y recourir. Mais quoique non prohibé par les lois, il fut longtemps réprouvé par les mœurs et ne fut pratiqué que bien tard à Rome; car il faut arriver en 520 pour trouver le premier divorce dont l'histoire nous ait transmis le souvenir, celui de Sp. Carvilius Ruga, qui répudia sa femme parce qu'elle était stérile. Quant aux motifs pour lesquels un mari pouvait répudier sa femme, qui se trouvait en la puissance maritale (*in manu*), ils étaient circonscrits à quelques cas exceptionnels, dès les temps anciens. L'effet du divorce était alors, relativement à la femme, celui d'une émancipation : elle sortait de la famille de son mari au moyen de cérémonies analogues à celles par lesquelles elle y était entrée; car il fallait dissoudre, non seulement le mariage, mais encore la *manus* par des moyens contraires à ceux qui l'avaient produite, par conséquent, soit par la *diffarcatio,* soit par la

(1) Just. inst. l. III, tit. IV, § 2.

remancipatio, soit par l'*usurceptio*. Lorsque l'un des époux était sous la puissance d'un ascendant, il ne pouvait divorcer sans son consentement; il y a plus, l'ascendant pouvait, de son propre chef, provoquer le divorce. Ce ne fut que plus tard, sous Marc-Aurèle, que cette faculté lui fut interdite (1). Dans le mariage libre, le divorce n'était lié par aucune entrave. Sa formation dépendant uniquement de la *conjugalis affectio*, sa durée dépendait également de la persévérance de cette *affectio*. En conséquence, la déclaration du divorce, la répudiation était également permise aux deux époux, et la liberté de divorcer n'était restreinte que par les sentiments de moralité personnels aux conjoints, sans aucune intervention directe de l'autorité publique et sans aucun empêchement légal. Mais lorsque, à la fin de la république et au commencement de l'empire, la corruption des mœurs fut devenue générale dans Rome, ce fut alors que se fit sentir le besoin de rendre, au moins indirectement, le divorce plus difficile; car le droit de dissolution arbitraire du mariage, également étendu aux deux époux, mettait entre les femmes et les maris une honteuse émulation d'inconstance. Les femmes surtout en firent un déplorable abus. Le divorce devint une affaire de tous les jours, *quotidiana repudia*, nous dit *Sénèque* (2). Les matrones romaines ne comptaient plus leurs années que par le nombre de leurs divorces. « Où sont, s'écriait Tertullien, ces mariages « heureux que la pureté des mœurs rendait si parfaits, « qu'il s'est passé plus de 500 ans sans qu'il soit « arrivé de divorce dans aucune famille? Aujourd'hui,

(1) L. 1, § ult. D. *De lib. exhib.*; *Paul. Sent.*, liv. V, tit. VI, § 15.
(2) SENEC. *De provid.*, cap. 3.

« en s'épousant, on fait vœu de se répudier, et le di-
« vorce est comme un fruit du mariage (1). » La loi
Julia vint mettre un frein à cet usage abusif du divorce,
en exigeant, sous peine de nullité, une forme solennelle (2). Il fallait convoquer sept témoins pubères et
citoyens romains, plus un affranchi chargé de porter la
déclaration du divorce ainsi conçue : *res tuas tibi
habeto* (3). A ces formalités on ajouta plus tard la des-
truction des *acta dotalia* et la mention du divorce sur
les registres publics.

Pendant longtemps le divorce fut libre. Sa seule
sanction consistait dans des retenues que pouvait faire
le mari sur la dot et qui ne pouvaient, dans aucun
cas, dépasser la moitié de celle-ci; ou dans la perte
du délai qu'il avait pour la restituer, suivant qu'il y
avait faute de l'un ou de l'autre époux. Ces peines
presque illusoires ne suffisaient pas pour arrêter cette
impulsion torrentielle qu'avait donnée vers le divorce
la corruption des mœurs qui régnait à Rome dans ces
temps malheureux'(4). Les empereurs chrétiens cherchèrent à réglementer le divorce de manière à combiner la
stabilité du mariage avec les conditions de bonne union
qui doivent exister entre les époux. Théodose et Valentinien énumérèrent dans une constitution au Code (5)
les causes du divorce. La femme qui divorçait en

(1) *Apolog.*, § 6.
(2) L. 1, § 1, in fine, D. *undè vir et uxor.*
(3) L. 2, § 1, et l. 9, D. *de divor. et repud.*
(4) Paul Emile avait divorcé avec la belle et sage Papyrie sans
autre raison que celle-ci : *mes souliers sont neufs, sont bien faits, et
cependant je suis forcé d'en changer. Nul ne sait que moi où ils
me blessent.* PLUT. *vie de Paul Emile.*
(5) L. 8, § 2, 3, 4, *de repudiis.*

dehors de ces cas, perdait sa dot et sa donation anté-nuptiale ; de plus, elle ne pouvait, pendant cinq ans, se remarier, sous peine d'infamie. Le mari qui répudiait sa femme sans motifs, perdait la donation anté-nuptiale et était obligé de restituer la dot à sa femme sans délai. Justinien reprit encore cette législation, et restreignit de plus en plus les causes de divorce. Il défendit d'abord le divorce par consentement mutuel (*communi consensu*); puis il revint sur cette prohibition (1). Mais il traita avec beaucoup plus de sévérité que ses prédécesseurs ceux qui, en dépit de la loi, recouraient au divorce. La femme, dans ce cas, non seulement perdait sa dot, mais encore était renfermée dans un monastère; ses biens étaient attribués, pour les deux tiers à ses enfants, et le reste au monastère qui la recevait. Le mari fut aussi renfermé dans un cloître et privé de ses biens (2). Les enfants étaient confiés, après le divorce, à celui des parents chez lequel ils devaient se trouver le mieux pour leur éducation et, le plus souvent, à celui des époux qui n'avait pas été cause du divorce (3).

Le mariage des flamines ne pouvait être dissous que par la mort; le divorce leur était interdit (4).

Le droit romain permit de tous temps, malgré la nature strictement monogamique du mariage, d'en contracter un second, après la dissolution du précédent. Les secondes noces n'étaient donc l'objet d'aucune dé-faveur. Bien plus, quand il fallut, à l'époque d'Auguste, combler le vide qu'avaient produit dans l'empire la

(1) Nov. Just. CXVII, cap. 10; Nov. CXL.
(2) Nov. CXVII, cap. 13; Nov. CXXXIV, cap. 11.
(3) Nov. CXVII, cap. 7; liv. uniq, C. *divor. facto.*
(4) Aulu., l. X, chap. 15.

corruption des mœurs, les guerres civiles, les proscrip-
tions, les lois Papiennes firent de l'état de mariage une
condition de capacité civile ou politique, dans un certain nombre de cas : car il restait peu de citoyens, et la
plupart n'étaient pas mariés. Aussi Auguste adressa-t-il
des reproches amers aux chevaliers qui demandaient la
révocation des lois Papiennes (1).

Tout homme devait, d'après ces lois, être marié dans
la période de 25 à 60 ans : toute femme devait l'être
dans celle de 20 à 50. Si l'union existante venait à se
dissoudre, la loi *Papia* donnait à la femme deux ans
pour pleurer son mari, et au cas de divorce, dix-huit
mois pour convoler à de secondes noces; quant au mari,
il devait se remarier sans délai.

Du reste, même avant la loi Papia Poppœa, on ne
permettait pas à la femme de se remarier immédiatement après la dissolution du premier mariage ; il fallait attendre dix mois afin d'éviter toute incertitude
sur la question de paternité. Il y avait infamie pour la
femme qui violait cette défense, pour l'homme qui l'é-
pousait sciemment, ou pour le père de famille qui
contraignait son fils à ce mariage (2). Si la femme ac-
couchait avant le délai prescrit, elle pouvait se remarier immédiatement, puisque l'incertitude n'était plus
possible (3).

Dès que le christianisme eut pénétré dans l'empire
romain, les secondes noces furent vues avec une entière défaveur, surtout chez les femmes. L'apôtre saint

(1) Voir le discours d'Auguste rapporté dans Dion, liv. LVI,
p. 24.
(2) L. 11, § 4, D. *de his qui not. infam.*
(3) L. 11, § 2, D. *de his qui not.*

Paul, dans son épître aux Corinthiens, ne les conseil-
lait pas : *mulier alligata est legi quanto tempore vir ejus*
vivit ; quod si dormierit vir ejus, libera est ; cui vult
nubat : TANTUM IN DOMINO (1). Les empereurs chrétiens se
montrèrent peu favorables aux seconds mariages, surtout lorsqu'il existait des enfants du premier; car ils crai-
gnaient que le second époux ne cherchât à dépouiller, à
son profit ou à celui de ses propres enfants, les enfants
d'un premier lit. Le délai du veuvage fut porté par
Théodose à un an, sous peine d'infamie et d'incapacité
pour la femme de succéder à son mari ou à des étrangers. Tout ce qui venait du premier mari devait être
réservé à ses enfants ; la femme ne pouvait en disposer
en faveur d'aucune autre personne (2) et ne pouvait
même donner au second époux sur ses biens qu'une
part d'enfant non avantagé. « *Non eis sit licitum...*
» *plus relinquere quam filius habet cui minor portio*
» *ultimâ voluntate derelicta vel data fuerit aut do-*
nata. » (3).

Nous ferons enfin remarquer que la mère perdait,
en se remariant, non seulement le droit de continuer
l'éducation de ses enfants, mais encore celui de leur
servir de tutrice (4).

À côté des justes noces, mais dans un rang inférieur,
les mœurs romaines avaient placé une association domestique connue sous le nom de concubinat.

Le concubinat était un véritable mariage ; à ce titre

(1) Cap. VII, n° 39.
(2) L. 4, C. *de secundis nuptiis.*
(3) Cette expression de Théodose : *matre jam secundis nuptiis funestata,*
que nous retrouvons dans la loi 3 du tit. IX, du livre V°. au Code, nous
montre assez le peu de sympathie qu'avait cet empereur pour les seconds
mariages.
(4) Nov. XXII, cap. 38, 10.

il était expressément permis par les lois (1). Il avait
été établi afin qu'un homme qui reculait devant le
joug du mariage ou qui avait une inclination pour une
femme de basse condition, et que les lois et la bienséance ne lui eussent pas permis d'avoir pour légitime
épouse, pût satisfaire son inclination en la prenant à
titre de concubine. Ainsi, un sénateur pouvait prendre
pour concubine une femme affranchie de l'esclavage
avec laquelle il ne pouvait contracter de justes noces.
Aussi le concubinat n'avait rien de déshonorant pour
les époux, seulement il plaçait la concubine au-dessous
de la matrone, en lui interdisant toute participation à
l'état et au rang de l'homme qui vivait avec elle. Le
droit civil, tout en tolérant ce mariage inégal, l'entoura
de conditions et de formalités nombreuses, afin qu'il
ne pût dégénérer en un commerce criminel. Ainsi un
Romain ne pouvait avoir qu'une seule concubine à la
fois. Lorsqu'il la prenait, il devait avoir l'intention de
la garder toute la vie. Seulement, lorsqu'il voulait
rompre l'union qu'il avait contractée avec elle, il n'a-
vait pas besoin de recourir au divorce.

Le concubinat n'était pas plus permis que le mariage légitime avec une femme à laquelle le droit naturel défendait de s'unir. Par exemple, si quelqu'un
s'était marié à sa nièce, quoiqu'il ne l'eût pas prise, à
titre d'épouse légitime, mais seulement comme concubine, l'union était regardée comme incestueuse :
*Etiam si concubinam qui habuerit sororis filiam, licet
libertinam,* INCESTUM COMMITTITUR (2). Par la même
raison, on ne pouvait pas avoir pour concubine la

(1) *Concubinatus per leges nomen assumpsit.* L. 3, D. *de concub.*
(2) L. 56. D. *de ritu nupt.*

femme d'un autre homme ; et un homme, pendant qu'il était marié, ne pouvait avoir une concubine. Celle-ci devait avoir, comme l'*uxor*, au moins douze ans accomplis (1).

Il était souvent assez difficile de décider si l'union qui existait entre deux personnes constituait le mariage, ou bien seulement le concubinat. Pour distinguer l'épouse de la concubine, il fallait avoir égard aux procédés, à l'affection dont la femme était l'objet ainsi qu'à sa moralité.

Les enfants qui naissaient du concubinat prenaient le nom d'enfants naturels. Vis-à-vis de la mère, ils étaient dans la même position que les enfants légitimes ; ils étaient cognats et suivaient sa condition au moment de leur naissance, sauf le cas d'esclavage. Vis-à-vis du père, les enfants n'étaient pas en son pouvoir, mais ils avaient un père certain auquel ils pouvaient demander des aliments et auquel ils en devaient également (2). Le préteur les appelait à sa succession *undè liberi* et *undè cognati*; de plus, ils pouvaient espérer d'être légitimés.

Les lois romaines ont été, pour le concubinat, tantôt favorables, tantôt restrictives : des considérations politiques ont été la cause de cette fluctuation dans la législation. Les lois *Julia* et *Papia* ont dû favoriser le concubinat pour arrêter la corruption des mœurs de cette époque, et pour accroître la population à Rome. Les empereurs chrétiens, tout en voyant le concubinat avec défaveur, le tolérèrent cependant comme un rapport légalement autorisé. Et, ce qui

(1) L. 1, § 4, D. *de concub.*
(2) L. 5. § 1, D. *de agnoscendis et alendis liberis*

prouve la ténacité de cette institution dans les mœurs des anciens Romains, l'Église elle-même, dans un pays où elle tenait le pouvoir suprême, n'osant pas attaquer de front cette institution enracinée dans les mœurs, se vit forcée de la tolérer. Nous trouvons, en effet, un décret émané du concile de Tolède (589) qui s'exprime ainsi sur ce point : « Si quis habens uxorem fidelem, con-
» cubinam habeat, non communicet. Ceterum qui non
» habet uxorem et pro uxore *concubinam* habet, à
» communione non repellatur, tantum ut unius mu-
» lieris, aut uxoris, aut *concubinæ* (ut ei placuerit), sit
» conjunctione contentus. »

Cependant, lorsque les mœurs romaines eurent subi l'influence du christianisme, le concubinat tendit vers sa décadence. L'empereur Constantin s'efforça de le combattre d'une manière indirecte, soit en appliquant aux enfants issus de ce mariage le bénéfice de la légitimation, lorsque leurs parents contractaient de justes noces, soit en privant les pères qui persévéraient dans le concubinat du droit de laisser à leurs enfants même misérables, ainsi qu'à leur femme, la moindre part de leur patrimoine (1). L'empereur Léon-le-Philosophe l'abolit enfin en Orient en 886 de J. C., comme une institution contraire à la religion et à la décence naturelle : *Pourquoi*, dit-il, en faisant allusion au mariage, *puisque vous pouvez boire à une source pure, aimeriez-vous mieux vous abreuver à un bourbier ?* (2)

Le concubinat subsista longtemps encore en Occident, et ce ne furent que les efforts réunis de la religion et des lois qui purent faire disparaître à la

(1) L. 1, C. Théod., *de natural. lib.* (IV, 6).
(2) Leon. Const. XCI, *ut concubinam habere non licet.*

longue une institution si profondément enracinée dans les mœurs. Il est encore en vigueur en Allemagne et y est connu sous le nom de mariage *ad morganaticum* ou mariage de la main gauche.

En somme, la position de la femme, comme épouse, n'a jamais pu atteindre l'idéal à Rome ; elle a toujours été trop assujettie ou trop indépendante. En effet, l'épouse *in manu* n'était guère mieux qu'une esclave ; la femme, dans le mariage libre, était dans une telle indépendance qu'elle restait complétement étrangère aux intérêts de la famille de son époux, de sorte que, par suite de la dépravation des mœurs, elle put même leur devenir hostile. Toute idée d'association est restée inconnue au monde romain ; ce fut un bienfait dont le christianisme développa dans nos lois le germe qui y avait été apporté par les mœurs des Germains.

CHAPITRE II.

Condition civile de la femme dans la cité.

Si les femmes romaines ont rempli, dans le monde antique, un rôle tout-à-fait subalterne, et si nous les voyons apparaître un moment pour s'associer à la corruption des mœurs, en plongeant dans le milieu du luxe, de la dissipation, du divorce et de l'adultère, il n'en est pas moins vrai que plusieurs d'entr'elles ont rendu, dans des moments difficiles, d'éminents services à l'Etat, et que Rome leur a dû plus d'une fois son salut. Aussi Romulus fut-il le premier à leur accorder des marques de distinction (1). Mais tant que la famille fut considérée

(1) Il les dispensa de tous les travaux domestiques, excepté filer et tisser. Tout homme qui rencontrait une matrone était obligé de lui

comme une institution purement politique chez les
Romains, les femmes eurent à subir le joug d'un tuteur
à vie, sans l'approbation duquel elles ne pouvaient accomplir aucun acte un peu important. Ainsi toutes les femmes qui n'avaient à subir ni la *potestas* d'un père, ni la
manus d'un mari, ni le *mancipium* d'un étranger, mariées
ou non, tombaient, à tout âge, sous la tutelle d'un agnat.
Leur capacité politique était, par ce moyen, à peu près
annihilée. La loi faisait toutefois une exception en faveur
des vestales qui, d'après les Douze Tables, en étaient
affranchies en considération du caractère sacré de leurs
fonctions et de la pureté de leurs mœurs. D'ailleurs l'agnation étant rompue entre la vestale et sa famille, tous
les droits qui en résultaient s'évanouissaient avec elle.

S'il faut en croire Ulpien, la tutelle perpétuelle des
femmes n'aurait été établie que dans leur intérêt : *Propter sexûs fragilitatem et rerum forensium ignorantiam* (1).
Toutefois l'ensemble de l'économie du Droit romain en
matière d'hérédité *ab intestat*, principalement un texte
de Gaius (2), ne permettent pas de douter que des motifs d'intérêt politique, c'est-à-dire le besoin de conserver les biens dans les familles, en empêchant les femmes de faire des aliénations considérables sans le
consentement de leurs agnats les plus proches qui
étaient constitués leurs tuteurs, n'aient déterminé ou
du moins favorisé l'établissement de cette tutelle perpétuelle.

faire place, et quiconque blessait sa pudeur par des paroles déshonnètes ou offrait à ses regards des objets indécents, était passible de la
peine de mort.

(1) Ulp., *fragm.* tit. XI, § 1.
(2) Gaius, I, 192.

Le mari pouvait dans son testament nommer un tuteur à sa femme lorsqu'il avait sur elle la *manus*. Le beau-père jouissait du même droit à l'égard de sa bru. L'un et l'autre devaient, dans leur testament, désigner nominativement le tuteur dont ils avaient fait choix, comme aussi il leur était permis de laisser ce choix à la femme elle-même. Cette option pouvait être plus ou moins restreinte (1). Quand la femme avait l'*optio angusta*, elle pouvait remplacer son tuteur autant de fois que son mari ou son beau-père le lui avait concédé ; si l'optio était *plena*, la femme pouvait changer de tuteur toutes les fois qu'elle faisait un nouvel acte. Les tuteurs ainsi choisis par la femme étaient appelés *tutores optivi*, et ceux donnés par testament prenaient le nom de *tutores dativi*.

À défaut de tuteur testamentaire, la tutelle était déférée à l'agnat le plus proche du côté de la femme, qui, en cette qualité, était son héritier présomptif, et par conséquent, le plus intéressé à la conservation de son patrimoine. Cependant la tutelle légitime appartenait de préférence, sous le nom de tutelle fiduciaire, à l'ascendant émancipateur sur la personne de la fille qu'il avait émancipée, ou à l'étranger à qui la femme avait été livrée à titre de *mancipium* et qui l'avait plus tard affranchie. Il était permis aux agnats, tuteurs légitimes des femmes, aux frères, par exemple, tuteurs de leurs sœurs, de céder à d'autres la tutelle devant le magistrat. Si le tuteur cessionnaire venait à changer d'état ou à mourir, la tutelle revenait au cédant ; si ce dernier mourait ou subissait la petite diminution de tête, la tutelle se retirait du cessionnaire et revenait à l'agnat le plus proche :

(1) *Plena aut angusta*. Gaius I, 151, 152, 153.

car la tutelle des femmes était perpétuelle; il y avait
pour elles changement de tuteur, mais non fin de la
tutelle. Quand les femmes n'avaient aucun tuteur, ni
testamentaire, ni légitime, ni fiduciaire, elles pouvaient,
comme les impubères, en vertu de la loi *Atilia*, en demander un aux magistrats.

La condition de la femme en tutelle variait suivant
son âge. Tant qu'elle était impubère, on lui appliquait
toutes les règles suivies pour le pupille du sexe masculin. Quand elle arrivait à la puberté, elle prenait l'administration de ses biens et pouvait même aliéner les
res nec mancipi. Parvenue à l'âge de 25 ans, son pouvoir
ne s'étendait guère; il lui était en effet défendu d'aliéner les *res mancipi*, de faire un testament *per mancipa-
tionem*, d'affranchir des esclaves, d'ester en justice dans
les *judicia legitima*.

La tutelle des femmes commença à s'adoucir vers la
fin de la république. Tous les tuteurs, à l'exception des
tuteurs légitimes, perdirent en réalité leur pouvoir;
les femmes traitaient elles-mêmes leurs affaires : les tuteurs n'interposaient leur autorité que dans certains cas
et pour la forme, *dicis causâ* : tellement qu'ils pouvaient
y être contraints par le préteur (1). C'est pour cela que
Cicéron dit dans une de ses harangues: « *Mulieres om-*
» *nes, propter infirmitatem consilii, majores in tutorum*
» *potestate esse voluerunt; hi invenerunt genera tutorum*
» *quæ potestate mulierum continerentur* » (2). Les tuteurs légitimes furent les seuls qui conservèrent encore
quelque temps une tutelle réelle. Dès lors, les femmes
cherchèrent et trouvèrent dans la loi elle-même, un

(1) Gaius, 1, 190.
(2) Cic., *pro Mur.* XII, 27.

moyen d'échapper à une surveillance incommode. Avec le consentement de son tuteur légitime, la femme se laissait vendre fictivement à un tiers (*coemptionem faciebat*); celui-ci l'affranchissait ou bien la revendait au premier tuteur ou à tout autre qui l'affranchissait; et alors, libérée de son tuteur légitime dont les droits s'étaient évanouis par la vente, elle ne se trouvait plus soumise qu'à l'autorité impuissante d'un tuteur fiduciaire. Pour échapper à la tutelle des agnats, la femme mariée, mais non encore *in manu*, pouvait ainsi faire la coemption fiduciaire avec son mari : alors elle prenait auprès de lui sa place de fille de famille.

Sous l'empire, la tutelle des femmes reçut de profondes modifications. Et d'abord, sous Auguste, la loi Papia Poppœa libéra de la tutelle les femmes ingénues qui avaient trois enfants et les femmes affranchies qui en avaient quatre (1). Dès lors, il put y avoir des femmes entièrement indépendantes de toute autorité.

Plus tard, sous l'empereur Claude (2), fut rendu un sénatus-consulte qui, supprimant en entier la tutelle des agnats, ne laissa plus subsister que celle des ascendants et des patrons.

La tutelle des femmes s'éteignit successivement après le sénatus-consulte Claudien et finit par tomber en désuétude sans qu'aucune loi spéciale l'abrogeât formellement. Elle n'avait plus de sens depuis les modifications introduites par le préteur dans l'ordre des successions. Au temps de Justinien, la tutelle des femmes n'était plus qu'un monument historique.

On conçoit que des chaînes aussi lourdes que celles

(1) Gaius, I, 145, 194.
(2) An de Rome 799.

de l'agnation et du mariage aient pesé à la femme et qu'elle ait cherché quelquefois à les secouer. Habituée à cette subordination qui faisait d'elle un être incapable et sans patrimoine, la femme devenue libre, sans y avoir été préparée, abusa, par ses excès et ses déréglements, de son indépendance et de sa position nouvelle. Devenue capable d'aliéner, elle fit de cette faculté un usage immodéré. La loi vint à son secours, et le sénatus-consulte Velléien décida que la femme ne pourrait s'obliger pour autrui, cautionner un tiers, donner une hypothèque pour une dette qui ne serait pas la sienne. Ce sénatus-consulte n'ôta donc pas à la femme la faculté de s'obliger principalement pour elle-même, de donner ou de payer actuellement la dette d'un autre. Mais il vint au secours de la femme pour toutes les obligations qu'elle avait contractées dans l'intérêt d'autrui. Le § 4 de ce sénatus-consulte est aussi général que possible : *omnis omninò obligatio Sc. Vellejano comprehenditur*, et il ajoute que peu importe de quelle manière l'intervention a eu lieu : *sive verbis, sive re, quocumque alio contractu intercesserint....* Ainsi toute obligation contractée par la femme dans l'intérêt d'autrui est frappée de nullité par le sénatus-consulte. Cela est aussi vrai des obligations naturelles que des obligations civiles, à la différence du Sc. Macédonien qui ne s'applique qu'à ces dernières seulement (1).

Nous trouvons dans le caractère même de la femme les motifs qui ont provoqué contr'elle cette restriction portée à sa capacité d'aliéner. On pensa que la femme naturellement imprévoyante se lais-

(1) Cujas, t. VI, col. 593, A.

serait entraîner plus facilement à un engagement
conditionnel, incertain et éloigné, qu'à un dessaisisse-
ment actuel qui la dépouillerait tout de suite. *Faci-
lius se obligat mulier quam alieni donat* (1). Il était donc
nécessaire de la prémunir de ce côté par une protection spéciale. Mais Ulpien nous donne une autre raison
qui nous semble plus sérieuse et partant préférable.
La femme, nous dit ce jurisconsulte, est incapable de
tout office civil ou public; lorsque la constitution politique la tient éloignée de ces simples offices qui ne
consistent que dans des services, des faits et un ministère, combien à plus forte raison de ceux qui mettent
en péril son patrimoine et sa fortune ! *Nam sicut moribus
civilia officia adempta sunt feminis , ità multò magis
adimendum fuit eis id officium, in quo non sola opera
nudumque ministerium earum versaretur, sed etiam peri-
culum rei familiaris* (2). On retrouve dans ces motifs les
vrais caractères du Droit romain. La femme ne pouvait
donc intervenir pour autrui, de même qu'elle ne pouvait
exercer aucune magistrature, postuler, défendre, rendre
un jugement (3). Elle ne devait pas sortir du foyer
domestique; elle ne devait pas se mêler dans les affaires des autres et donner un patronage, une caution, des
garanties qui la mettaient en scène, la tiraient de son
isolement, lui créaient une importance que lui refusait

(1) L. 4, § 1 *in fine*, D. *ad Sc. Velleianum.*

(2) L. 1, D. *ad senat. Vel.*

(3) Le Sc. Velleien ne défendait pas aux femmes de s'obliger pour
elles-mêmes, ni même de payer pour autrui , mais seulement de
s'obliger pour les autres, et cela par le motif que, n'appréciant pas des
conséquences qui ne sont que dans l'avenir, elles sont plus facilement
portées à s'obliger pour autrui qu'à donner, l. 1, § 1, D. *ad Sc. Vel.*

la faiblesse de son sexe. Tel était le véritable sens du
Sc. Velleien, qui fut rendu sous le règne de Claude, à
une époque où les lois cherchaient à reprendre sur la
femme cette ancienne autorité que les mœurs avaient
détruite. Ce sénatus-consulte ne fit du reste que forti-
fier une jurisprudence plus ancienne. En effet, la loi
Julia avait déjà défendu à la femme de consentir à
l'hypothèque de son fonds dotal, quoiqu'elle pût donner
à son mari le consentement de l'aliéner (1). Deux édits
d'Auguste et de Claude défendaient aux femmes de
cautionner leurs maris : *ne feminæ pro viris suis interce-
derent* (2). Permettre ce cautionnement, c'eût été renverser la puissance du mari sur l'épouse qu'avait fondée
la vieille constitution aristocratique par l'organisation
de la *manus*. Plus tard, on imagina de couvrir, sous les
dehors d'une protection bienveillante, cette prohibition
jalouse, et on donna à l'incapacité de la femme pour
motifs la légèreté de son esprit qui l'empêche de comprendre toutes les conséquences d'un cautionnement.
C'est en considérant le Sc. Velleien sous ce point de vue
que Justinien songea à le modifier. Ami des femmes, cet
empereur présuma assez de leur intelligence pour croire
qu'une femme, qui confirmait au bout de deux ans son
cautionnement ou son hypothèque, avait su ce qu'elle
faisait. Il autorisa donc de pareils engagements de la
part de la femme; il n'y eut d'exception que pour ce
qui concernait les engagements du mari que la femme
ne put cautionner que dans le cas où ils avaient tourné
à son profit.

(1) *Just. inst. procm. lib. II, tit. VIII, quibus alien. licet.*
(2) L. 2, D. ad Sc. *Vellej.*

Le Sc. Velleien se maintint encore longtemps en
occident; il passa dans le Droit français, devint facul-
tatif pour la femme, et fut enfin aboli par Henry IV,
parce qu'il était un embarras dans les affaires, une
entrave pour le crédit et une source de chicanes et de
procès (1).

Nous trouvons, dans une novelle de Justinien (2), la
mention d'une faveur singulière, accordée à la femme,
qui témoigne du respect que les Romains avaient pour
sa personne, malgré son état de subordination. Nous
voulons parler du privilége dont elle jouissait d'être
exempte de la contrainte par corps. Il était, en effet,
défendu de retenir une femme captive au moyen du
nexus, ou de l'*addictio*, ou de la faire incarcérer, soit
qu'elle eût manqué à ses engagements, soit qu'elle fût
la débitrice du fisc, soit qu'elle eut commis un crime.
On avait établi cet état de choses afin que sa vertu ne
fût pas à la merci du premier venu. Lorsqu'elle avait
commis un grand crime, on pouvait, dans ce cas, la faire
enfermer dans un monastère ou la livrer à des gardiens
de son sexe, jusqu'à ce qu'elle eût été jugée.

Les femmes furent de tout temps privées, même sur
leurs enfants naturels, de la puissance paternelle qui
était une prérogative exclusivement attribuée au sexe
masculin (5). Aussi ne jouirent-elles jamais du bénéfice
de l'adoption, et si nous voyons quelques empereurs

(1) Edit de 1606.

(2) CXXXIV, C. 9.

(3) La mère ne pouvait pas vendre ses enfants, car ce droit éma-
nait de la puissance paternelle. Cujas, sur la loi 1, C. *de patrib. qui
fil. distr.*

faire fléchir en leur faveur les rigueurs de la loi sur ce point, et accorder à quelques mères infortunées le droit d'adoption, ce n'est qu'à titre de consolation et pour alléger la douleur qu'à pu leur causer la perte d'un enfant chéri (1). De même les femmes ne pouvaient avoir de famille et par conséquent d'héritiers siens. *Mulier enim familiæ suæ caput et finis est* (2). A la mort de leur époux, non-seulement elles étaient privées de l'usufruit sur les biens de leurs enfants, mais encore ceux-ci n'avaient pas besoin de leur consentement lorsqu'ils voulaient contracter de justes noces. La mère était consultée dans un seul cas, que nous trouvons relaté dans une constitution de Théodose et d'Honorius (3).

La femme qui, à Rome, s'oubliait jusqu'au point d'entretenir avec un esclave des relations criminelles, était frappée de la *maxima capitis deminutio*, et perdait ainsi sa liberté, si, malgré des avertissements successifs, elle persévérait dans ce commerce honteux (4). Le maître de son complice acquérait sur elle la puissance dominicale ; mais si c'était une *filia familias*, comme elle ne pouvait détruire en elle la puissance paternelle, elle ne subissait pas de changement d'état, à moins que son père n'eût pas ignoré son

(1) *Just. inst.* liv. I, tit. XI, § 10 ; C. l. 5, liv. VIII, tit. XLVIII; *Gaius* I, 104.

(2) L. 195, § 5, D. *de verb. sign.*

(3) L. 20, C. de *nuptiis.*

(4) Ce fut un sénatus-consulte de l'empereur Claude qui, pour arrêter l'immoralité des femmes romaines, établit contre elles une peine aussi rigoureuse.

inconduite. De même, la mère ne pouvait, par une raison de convenance, devenir l'esclave de son fils ; le sénatus-consulte Claudien faisait, en sa faveur, une exception (1).

Les Romains ne furent pas moins sévères pour réprimer l'intempérence chez les femmes, car ils la regardaient comme un vice conduisant infailliblement à la dissolution des mœurs. Aussi l'usage du vin était-il interdit par les lois aux femmes romaines sous des peines sévères ; si elles enfreignaient cette prohibition, elles couraient de grands risques d'être découvertes, car elles étaient obligées de baiser sur la bouche leurs parents jusqu'au sixième degré, tous les jours et aussitôt qu'elles les apercevaient. Tous les parents qui jouissaient du *jus osculi*, dans les cas où les femmes étaient coupables, devenaient leurs dénonciateurs et composaient le tribunal de famille qui devait les juger (2).

Si nous recherchons quelle était à Rome la capacité politique de la femme, nous la voyons s'effacer ici complétement, et nous en comprenons aisément les motifs. La souveraineté était élective à Rome, et n'était, par conséquent, pas héréditaire ; les Romains, naturellement superstitieux, auraient vu, dans le règne d'une femme, un sinistre présage. D'ailleurs, les empereurs, représentant toujours les généraux ou les magistrats de

(1) *Paul. sent.*, liv. II, tit. XXI.
(2) Polybe, liv. VI, fr. 1.

la république, ne voulurent jamais associer à leur dignité personnelle, soit leur mère, soit leur épouse, et, tout ce qu'ils consentirent à faire en leur faveur, ce fut de leur donner, comme une marque de distinction, le nom d'*Augusta* (1).

La superbe Agrippine voulut, il est vrai, partager les honneurs de l'empire qu'elle avait fait passer sur la tête de Néron; mais elle s'attira la haine de tous ceux des citoyens qui respectaient encore la dignité de Rome, et sa folle ambition ne tarda pas à échouer contre le poignard de son fils.

L'infâme Héliogabale fut le premier qui osa donner à une femme le titre de sénateur; sa mère Soœmias vint siéger au Sénat, à côté des consuls; mais, à la mort du tyran, l'auguste assemblée, pour venger un outrage qu'il avait fallu dévorer, rendit un décret qui exclut à jamais les femmes de son sein et dévoua aux divinités infernales, celui qui violerait par la suite la sainteté de ce décret (2).

_____

(1) Comment, en effet, ces Romains, si égoïstes et si jaloux de leur autorité, auraient-ils pu consentir à partager l'empire avec leur femme, eux qui regardaient le mariage comme le sacrifice d'un plaisir particulier à un devoir public, et, lorsque l'un d'eux, le censeur Metellus-Numidius, osait dire un jour au peuple assemblé : *Si la nature eût été assez bienfaisante pour nous donner l'existence sans le secours des femmes, nous serions débarrassés d'un compagnon très-important.* Aulg., I, 16.

(2) Gibbon, *Hist. de la décadence de l'emp. rom.*, tom. 1, p. 351.

Ces deux exemples, que nous nous contentons de citer, nous montrent combien les hommes étaient jaloux, à Rome, des prérogatives attachées à leur sexe. Et le sévère Caton ne voulait même pas que les femmes cherchassent à savoir quelles lois se discutaient au Sénat ou quelles émotions agitaient le Forum.

Le vide de cette existence, à laquelle les Romaines se trouvaient condamnées, les forçait à chercher un aliment à leur activité dans le luxe, dans les vaines parures, dans les festins et les plaisirs. Aussi les voyons-nous s'abandonner parfois à de déplorables excès et oublier dans la mollesse et l'intempérance leurs devoirs les plus sacrés.

Mais le christianisme vint, par ses doctrines bienfaisantes, retirer la femme de cette situation inerte dans laquelle l'avaient placée l'ancienne institution aristocratique et les préjugés nationaux. Il lui donna, soit dans la société, soit dans la famille, un rang honorable et se servit de sa douce influence pour pénétrer dans le monde païen. Le rôle de la femme changea donc complétement, lorsque la religion du Christ eut chassé du foyer domestique ces idoles profanes qui n'étaient, le plus souvent, qu'un motif de débauche et de corruption.

La femme, émancipée par le christianisme, qui la fit sortir de l'humiliation du Gynécée, devint la compagne et l'égale de son mari, au point de vue moral et sous la double sanction du devoir et de la loi. Toutefois, il fallut une lutte bien longue et des efforts réitérés, pour attribuer à la femme le pouvoir tutélaire, l'autorité maternelle sur la personne de ses enfants, et les préro- gatives qui y étaient attachées ; car il fallut saper les fondements de la famille romaine pour arriver à ce résultat. Quant à la puissance du mari, elle se perdit peu à peu avec les formes civiles d'où elle découlait, et fut remplacée par une protection affectueuse et bien- veillante.

L'influence du nouveau culte ne s'arrêta pas là. Après avoir proclamé les droits légitimes de la femme dans la famille, il voulut encore l'associer aux dignités de l'église, et le titre de Diaconesse permit de conférer à celles qui voulaient se vouer à la pratique de la reli- gion, une espèce de sacerdoce.

Le trône des Césars devint même désormais acces- sible aux femmes, et il nous suffira de citer, en finissant les noms de Pulchérie et d'Eudoxie, pour rappeler une époque de l'histoire dans laquelle les femmes surent marcher à la tête de leur siècle et donner sur le trône l'exemple de toutes les vertus chrétiennes !

DROIT FRANÇAIS.

DE LA CONDITION DES FEMMES EN FRANCE.

CHAPITRE I.

Ancien Droit français.

Considérations générales. — Pour pouvoir apprécier avec justesse la condition des femmes dans notre société moderne, et les droits que le Code leur attribue, il nous paraît nécessaire d'aller fouiller dans le passé, afin d'y suivre, d'une manière très-rapide, les transformations successives qu'a subies cette partie du droit pour devenir ce qu'elle est aujourd'hui. Nous avons vu ce qu'était la femme chez les Romains; traversons avec elle cette série de siècles qui nous séparent de ces temps anciens, et nous pourrons comprendre les conquêtes immenses qu'a dû faire, en France, la civilisation sur la barbarie, pour arriver à consacrer le principe de l'égalité civile comme base de notre organisation sociale.

Le vaste sujet que nous avons à traiter nous interdit une étude trop approfondie de cette partie, aussi la présenterons-nous d'une manière très succincte et comme simple préambule historique.

1

Partout où la famille a formé une communauté indépendante, partout où l'état n'a été, pour ainsi dire, qu'une fédération de familles, les femmes ont vécu dans une condition dure et subalterne. La puissance du père de famille romain se retrouve au sein des peuplades errantes de la Germanie, mais avec des caractères bien différents.

Le chef de famille était responsable, non seulement de ses animaux (1) et de ses esclaves (2), mais encore de ses enfants (3), qui vivaient avec lui, et de sa femme (4). La femme et les enfants étaient placés sous le *mundium* du père de famille, et le *mundium* comprenait trois choses : 1° une responsabilité civile et politique chez celui qui l'exerçait (*mundoaldus*); 2° une tutelle qui imposait des devoirs et conférait des droits; 3° une autorité spéciale sur la personne et les biens de celui qui était placé sous le *mundium*.

Mais cette autorité, toute protectrice, laissait à la femme et aux enfants leur personnalité; ils pouvaient même amasser une fortune, qui leur était propre, et en disposer d'après leur caprice.

La succession immobilière était, chez les Germains, un privilége exclusivement attribué aux membres actifs de la famille, à ceux qui étaient chargés de la défense, et en portaient les insignes (schwertmagen) (5). On pouvait même y renoncer : on se déchargeait,

(1) *Pactus leg. salic.* XXXIX, de quadrup.
(2) *Leg. salic.* XIII, 2.
(3) L. Burg, t. 85, *de pupillis.*
(4) *Leges .Ethelredi regis.*
(5) Luitprand, *leg.* II, 7.

par ce moyen, du soin de la défense (1). Les femmes se trouvaient ainsi exclues de la succession immobilière par un texte formel de la loi salique : *De terrâ verò salicâ nulla portio hereditatis mulieri veniat, sed ad virilem sexum tota terræ hereditas veniat* (2).

Quant aux meubles, les attributs de la mère revenaient à la fille, sous le nom de *gerade* ou *rhade,* et le fils héritait des armes, ainsi que du cheval de bataille de son père.

Les Germains ne connaissaient pas de succession testamentaire. *Heredes,* dit Tacite, *successoresque sui cuique liberi et nullum testamentum ; si liberi non sunt; proximi gradus in successione, fratres, patrui, avunculi.* Ce ne fut que plus tard qu'ils empruntèrent aux peuples vaincus, avec lesquels ils se trouvèrent en contact, le testament et ses formes diverses.

Le mari achetait du père le droit de *mundium* sur sa femme, et le prix d'achat a varié avec les progrès du temps. D'abord ce furent des bœufs, un coursier avec un frein, un bouclier avec une framée et un glaive; puis, lorsque eut lieu l'appropriation individuelle du sol, le mari donna des terres, et, plus tard, de l'or et de l'argent.

Quand le futur époux était tombé d'accord avec les parents de la femme, la loi lui en assurait la possession exclusive par une sanction pénale, qu'elle prononçait contre ceux qui porteraient atteinte à ses droits (3). Le

(1) *Lex salic.,* t. 63 : *De illo qui se de parentillâ tollere vult.*
(2) *Lex salica,* LXII, § 6; id. *lex ripuar.* LVI, § 1 : *Sed dùm virilis sexus extiterit ; femina in hereditatem aviaticam non succedat.*
(3) *Pactus leg. salic. antiq.,* t. XXIII. Amende taxée d'après le déshonneur du mari.

wehrgeld de la femme tuée ou enlevée tournait au profit du mari, et, par une disposition bizarre, qui prouve combien le *mundium* avait de force et d'énergie, les enfants qui étaient conçus ou nés pendant l'enlèvement, tombaient sous la puissance de l'époux.

Le douaire ou dot des Germains était une espèce de donation faite avant le mariage, par le mari, et assurant à la femme, en cas de survie, une part, soit en propriété, soit en usufruit des biens propres à l'époux. Ce douaire devint, plus tard, d'après les décisions des conciles, une condition essentielle du mariage : chose étrange, et qu'on ne peut guère expliquer que par une fausse application des principes romains, qui faisaient de la dot le signe distinctif entre les justes noces et le concubinat.

Outre ce présent de noce, le mari donnait à sa femme, le lendemain de son mariage, un présent du matin, *morgengabe* (1). Il y avait entre ces deux donations une différence très-grande : le morgemgabe n'était dû à femme qu'à condition de survie et à titre d'usufruit, tandis que la dot devait être constituée avant le mariage, et passait à l'épouse en pleine propriété le jour de sa constitution, pourvu que le mariage s'accomplît (2). En retour de la dot, la femme apportait au mari quelques biens en rapport avec la position de sa famille, *faderfium* (3).

Indépendamment de cet avantage, la veuve avait encore une part dans les acquisitions faites pendant le

(1) Le *morgengabe* était remplacé, pour la veuve qui ne pouvait pas y prétendre, par l'*abendgabe*, ou présent du soir.

(2) MARCULFE, *Form.* II, 15; Lindembrog, *Form.*, 75.

(3) HEINECCIUS, *Elem, jur. germ. de dotibus*, § 224. *Waders, Fels; pecus, pecunia.*

mariage. La loi des Francs ripuaires lui attribuait le tiers des acquêts (1) ; elle exerçait certains droits sur la personne et les biens de ses enfants jusqu'à leur mariage ou leur émancipation (2); mais elle n'avait pas un véritable *mundium*, car elle était elle-même placée sous la dépendance d'un parent mâle. Aussi voyons-nous que son autorité ne pouvait se manifester juridiquement sans le concours de son propre tuteur. Ce pouvoir de la mère est toutefois anormal dans le droit germanique pur, et ne paraît résulter que du mélange des idées romaines et germaniques (5).

La veuve qui convolait à de secondes noces devait abandonner aux parents de son premier époux le lit nuptial, et leur payer le *reipus* : elle perdait la tutelle de ses enfants et certains avantages pécuniaires; ce qui nous montre la défaveur qui était attachée aux seconds mariages, même chez des peuples barbares.

Quant à la capacité civile et politique de la femme, elle était à peu près nulle chez les Germains, qui, le plus souvent, défendaient leurs droits les armes à la main, et vidaient leurs démêlés, dans l'assemblée du canton, au moyen d'un duel.

Telle était la condition de la femme chez les Germains au moment où ils firent irruption dans les Gaules. Un mouvement aussi grand et aussi décisif que celui-là, ne pouvait manquer d'apporter dans le droit de ces envahisseurs intelligents une modification profonde. Les Germains, au milieu de leur barbarie,

(1) Formule de Marculfe, II, 17; l. ripuar. XXXVII, cap. 2.

(2) *Si mater tutelam suscipere voluerit, nulla ei tutela praeponatur.* L. Wisig., l. IV, tit. II, c. 13; *patre mortuo, filii in potestate matris consistant,* id., t. III, c. 3.

(3) L. Burg., tit. 59.

avaient d'ailleurs un principe qui devait produire les résultats les plus heureux pour la civilisation. Les femmes étaient, chez eux, chargées du soin de leur maison et de leurs terres; elles étaient les associées naturelles de leurs travaux et de leurs dangers, *laborum periculorumque socias* (1). Ils avaient un grand respect pour elles et ne dédaignaient pas leurs conseils. Aussi les femmes étaient-elles destinées, par la force des choses, à exercer une influence bienfaisante sur l'esprit de ces hommes de guerre, lorsque le contact de nations plus civilisées, favorisé par les principes du christianisme, aurait adouci leurs mœurs barbares.

Quand les Germains quittèrent leurs forêts, ils se trouvèrent vis-à-vis des Gallo-Romains : ils commencèrent à en triompher, et songèrent ensuite à régler les rapports qu'ils devaient avoir avec les vaincus. La fusion des deux races amena le rapprochement de deux législations différentes. Le dernier état du droit romain qui régissait les Gallo-Romains, donnait aux femmes une capacité presque absolue : il en refléta quelque chose sur les femmes des vainqueurs. Les deux législations tendirent à se mêler et à se confondre; mais ce travail ne se fit pas tout d'un coup, et l'élément romain ou germanique dut dominer suivant que la population était plus ou moins composée de vaincus ou de vainqueurs. C'est ainsi que l'élément romain l'emporta dans le Midi, qui fut moins pénétré par l'invasion, et que l'élément germanique triompha dans le Nord, où l'influence romaine s'était fait sentir beaucoup plus tard que dans les provinces méridionales, et

(1) Tacite, *Germanie*, XXV.

n'avait par conséquent pas jeté des racines bien profondes. C'est ce qui explique la distinction des *pays de
droit écrit* et des *pays coutumiers.*

Ces deux grandes divisions de pays soumis aux lois
romaines et pays de coutumes n'a pas empêché ces
deux législations de déteindre l'une sur l'autre. Les
femmes y ont gagné ; mais le progrès dans l'améliora-
tion de leur condition a été peu sensible à partir de
cette époque. Car l'élément barbare, la société féodale,
l'aristocratie nobiliaire et, plus tard, la haute bour-
geoisie enrichie par le commerce, ont lutté sans cesse
pour maintenir le principe de l'inégalité, la supériorité
des classes, le privilége de l'âge et la préférence d'un
sexe à l'autre, et cela, afin de mieux concentrer la fortune et consolider la puissance dans leur famille. Mais
le clergé et les jurisconsultes ont soutenu courageuse-
ment le principe contraire, en prêchant l'égalité et la
fraternité de tous les hommes, et ont sapé jusque dans
leurs fondements les deux bases maîtresses de l'ancienne organisation sociale : l'esclavage et l'infériorité
des femmes. La lutte a été longue ; elle a duré plusieurs siècles, mais la révolution de 89 est enfin venue
proclamer la victoire de la raison sur la force brutale :
et c'est avec justesse qu'un écrivain distingué a laissé
tomber de sa plume savante ces paroles remarquables
que je crois à propos de citer en finissant : « A chaque
pas que l'homme a fait vers la civilisation, la femme
en a fait un vers l'égalité avec l'homme (1). »

(1) Rathery, *Recherches sur l'Histoire du Droit de succession
des femmes.*

CHAPITRE II.

Droit actuel.

Nulle part la législation n'a fait à la femme une condition meilleure que chez nous ; elle jouit de droits civils presque aussi étendus que ceux de l'homme, et si parfois le législateur a restreint les limites de sa capacité, c'est pour la mettre en garde contre les embûches tendues à sa faiblesse et à son inexpérience.

Capacité de la femme en général.

La femme échappe plus tôt que l'homme à la tutelle de ses parents : la loi la déclare en effet pubère et capable, par conséquent, de se marier avec le consentement de ses père et mère, à l'âge de quinze ans (art. 144) ; sans leur consentement et après avoir requis leur conseil au moyen de trois actes respectueux à 21 ans, et d'un seul à 25 ans.

L'homme ne jouit pas aussitôt des mêmes avantages, et le législateur a été sage en le décidant ainsi ; car la femme ayant plus de difficulté à se marier, lorsqu'elle a dépassé un certain âge, ne doit pas trouver dans l'autorité paternelle trop longtemps prolongée un obstacle à son établissement ; d'ailleurs, la femme ne jouant dans la société conjugale qu'un rôle subalterne, l'homme a besoin, pour la diriger, d'un certain ascendant qu'il ne peut acquérir sur elle qu'en la dominant et par son intelligence et par son âge. Ce n'est pas, en effet, seulement en vue de la puissance d'engen-

drer que la loi a dû exiger chez l'homme un certain
âge pour le mariage.

Le mariage contracté par la femme impubère est
nul; mais la nullité est couverte dans deux cas : 1°
lorsqu'il s'est écoulé six mois depuis que la femme a
atteint l'âge compétent ; 2° lorsque la grossesse de la
femme est arrivée avant l'expiration des six mois
(art. 185). Mais nous ne pensons pas que la grossesse de la femme pût couvrir la nullité provenant de
l'impuberté du mari, même en présence de l'art. 312
du Code Napoléon.

Ce n'est pas toujours la naissance qui donne à la
femme une patrie, c'est quelquefois l'affection. En effet,
les art. 12 et 19 déclarent en termes formels que la
femme suit, en se mariant, la nationalité de son mari.
Une Française qui épouse un étranger devient étrangère; une étrangère qui s'unit à un Français devient
Française. Il peut même arriver que la femme ait deux
nationalités à la fois ou qu'elle n'en ait aucune (1).

Si le mariage venait à être déclaré nul, la femme
française, mariée à un étranger, n'aurait jamais perdu
la qualité de Française en vertu de la maxime : *Quod
nullum est nullum produxit effectum.*

De ce que la femme française suit, en épousant un
étranger, la condition de son mari, en faudrait-il conclure que la femme du Français qui perd cette qualité,
la perd également ?

---

(1) Ainsi l'Anglaise qui épouse un Français conserve sa nationalité,
d'après la loi de son pays, et devient française, d'après notre législation; la femme française, au contraire, qui s'unit à un Anglais,
cesse d'être Française, sans pour cela devenir Anglaise.

L'art. 214 fait un devoir à la femme d'habiter avec son mari et de le suivre partout où il juge à propos de résider. Dès lors on ne peut lui infliger la peine de perdre la qualité de Française pour avoir obéi à la loi et à ses devoirs d'épouse. Il n'y a d'ailleurs aucune parité entr'elle et la femme qui épouse un étranger. Celle-ci est maîtresse de son sort; sa nouvelle condition est l'effet de son choix et de sa volonté, tandis que l'état de la femme déjà mariée dépendrait de la volonté de son mari; ce serait une injustice profonde (1). Mais si le mari a perdu sa qualité de Français pour avoir quitté la France sans esprit de retour et que sa femme l'ait accompagné, pénétrée des mêmes sentiments, nous n'hésitons pas à décider que, dans ce cas, tous deux auront perdu la qualité de Français, et que les enfants qui naîtraient de leur mariage suivraient leur condition, tout en jouissant du bénéfice accordé par les dispositions de l'art. 10 du Code Napoléon.

La femme peut se faire naturaliser française quoique son mari reste étranger (2). Mais, la femme étrangère, née sur le sol français, perd, suivant nous, le bénéfice de l'art. 9 du Code Napoléon, en épousant un étranger; car, par cet acte, elle consolide, pour ainsi dire, sa qualité d'étrangère et perd le droit que lui donnait sa naissance.

La femme, mariée à un étranger et qui devient veuve, recouvre sa qualité de Française, dans deux cas: 1° si elle réside en France au moment où elle devient veuve;

(1) *Sic*, Paris, 7 août 1840, p. 40, 2, 747. Marcadé, I, 117. J. du P. 1840, II, 747. *Contrà Zachariæ*, I, 328, note 7.
(2) *Nec obstat*, loi du 13 novembre 1849.

dans ce cas, elle n'a besoin de faire aucune déclaration (1); 2° si, après son veuvage, elle rentre en France avec l'autorisation de l'Empereur et si elle déclare vouloir s'y fixer (art. 19, § 2).

Dans ce cas, les enfants mineurs conservent la nationalité de leur père décédé (2).

Le mariage putatif entre un Français et une étrangère de bonne foi produit, à l'égard de celle-ci, les mêmes effets que le mariage ordinaire (3).

Mais nous inclinerions à penser que, dans le cas où c'est une Française qui a épousé un étranger, la femme, si le mariage vient à être annulé, est censée avoir conservé sa qualité de Française, et qu'on ne peut pas se servir de sa bonne foi pour aggraver sa position.

Les femmes ne peuvent pas être témoins instrumentaires. La loi leur enlève cette prérogative qu'elle ne confère même pas à tous les hommes; car il faut, pour qu'ils puissent en jouir, qu'ils soient placés dans certaines conditions de capacité.

D'ailleurs, les femmes doivent être exclusivement occupées des soins du ménage, et la pudeur de leur sexe ne leur permet pas de s'occuper d'affaires, *in cœtibus hominum versari.*

Mais le témoignage des femmes est admis en justice; car, ici, on ne peut pas choisir les témoins; on doit se montrer par conséquent moins sévère pour leur admis-

---

(1) Paris, 19 mai 1830. S. 30, 1, 325. *Le mariage a voilé, non éteint sa qualité de Française*, dit cet arrêt.

(2) *Coin-Delisle*, p. 65, n. 7.

(3) Cass., 18 février 1819. D. A, 2, 210.

sion. Toutefois, la jurisprudence a longtemps flotté dans l'incertitude sur ce point.

D'une part, une loi de Moïse, rapportée par Josèphe (1), rejetait le témoignage des femmes comme suspect; d'autre part, le Droit romain se prononçait en leur faveur (2).

Une ordonnance de Charles VI, du 15 novembre 1594, consacra la doctrine du Droit romain sur ce point (3), et décida que le témoignage des femmes serait admissible, tant en matière civile qu'en matière criminelle. Cette règle a été suivie par les ordonnances postérieures et est passée dans nos codes.

On doit, néanmoins, suivant Rousseaud de La-combe (4), se tenir en garde contre le témoignage des femmes; car il dit, au mot *témoin*, que, *sur le témoignage de deux femmes, on ne peut pas bien condamner.*

Nous trouvons ces principes un peu trop austères et nous croyons qu'ils doivent fléchir dans notre siècle de civilisation et de progrès.

Devoirs respectifs des époux.

Unis entre eux par un lien sacré qui confond, en quelque sorte, deux existences en une seule (5), les époux se doivent l'un à l'autre un entier dévouement, qui se résume assez bien dans ces trois mots de l'art. 212 du Code Nap. : *fidélité, secours, assistance.*

(1) Josèphe, *Antiq. judaïq.*, liv. 4, chap. 8.
(2) L. 18, D. *De testibus.*
(3) ISAMBERT, *Anciennes lois françaises*, tom. VI, p. 755.
(4) Jurispr. civ., v° *Témoin.*
(5) *Erunt duo in carne una.* Genèse II, 24.

Le devoir de fidélité, placé le premier par le législateur, est, sans contredit, le plus important, surtout chez la femme; aussi la loi s'est-elle montrée plus sévère à son égard, non que ce devoir doive être moins sacré pour l'un des époux que pour l'autre, mais uniquement à raison du préjudice plus grave, causé par l'adultère de la femme, qui peut introduire, dans le giron de la famille, des membres étrangers, fruits honteux de la débauche.

La femme doit donc à son mari une fidélité absolue (337 C. pén.). Le mari doit éviter le scandale et n'est punissable que lorsqu'il a entretenu une concubine dans le domicile conjugal (Cod. pén., 339). Il importe peu, du reste, que cette femme soit chez lui à tout autre titre qu'à celui de concubine, sa domestique, par exemple, pourvu qu'il ait eu avec elle un commerce habituel.

L'obligation de fidélité, imposée aux époux, est revêtue d'une sanction pénale et d'une sanction civile, qui consiste dans la séparation de corps prononcée contre l'époux qui manque à la fidélité qu'il doit à son conjoint.

La jurisprudence a même décidé que, bien que l'adultère du mari ne soit une cause de séparation de corps, qu'autant que le mari a entretenu sa concubine dans la maison commune, il peut, cependant, par les circonstances qui l'accompagnent, constituer une injure grave envers la femme, suffisante pour faire prononcer la séparation (art. 230 et 231 combinés) (1).

(1) Bordeaux, 19 mai 1828. S. 2, 265; *id.* Limoges, 21 mai 1835, s. 2, 469; *id.* 14 juin 1836 rej. s. 1, 448; *sic* MASSOL, *Sép. de corps*, p. 34, n. 10.

La femme convaincue d'adultère subira la peine de l'emprisonnement pendant trois mois au moins et deux ans au plus (art. 357 C. pén.). Le mari aura la faculté de faire cesser les effets de cette condamnation en consentant à reprendre sa femme, mais en faveur de celle-ci seulement et non de son complice (1).

L'art. 324 du Cod. pén. déclare dans sa seconde partie, le meurtre de la femme surprise en flagrant délit d'adultère, excusable chez le mari, et la loi ne parle, dans aucune de ses dispositions, du meurtre du mari qui serait accompli par la femme dans les mêmes circonstances. Nous croyons, malgré le silence de la loi, qu'il serait équitable d'appliquer à la femme le bénéfice de cet article, et, si l'on nous opposait que les dispositions de la loi ne peuvent s'étendre d'un cas à un autre, nous nous croirions fondés, en répondant que cette maxime n'est applicable que dans le cas où la loi prononce une peine, mais non dans celui où elle vient la mitiger.

La séparation de corps ne devrait pas faire cesser le devoir de fidélité mutuelle imposée aux époux. La Cour de cassation a cependant décidé, par un de ses arrêts (2), que le mari, contre lequel la séparation de corps avait été prononcée, pouvait impunément entretenir une concubine dans sa maison.

Cet arrêt nous semble pouvoir être critiqué en ce qu'il attribue au mari le droit de substituer à sa femme légitime celle qui a apporté dans son ménage le trouble et la désunion, et si la loi n'a pas cru devoir frapper le complice du mari comme celui de la femme adultère,

(1) Toulouse, 6 déc. 1838, P. 39, 1, 175.
(2) 27 avril 1838, *J. du P.*, t. II, P. 69.

elle aurait dû, au moins, faire respecter le foyer domestique, alors même qu'il ne réunissait pas les deux époux, et maintenir libre la place de la femme, afin de ménager, entre elle et son mari, un rapprochement d'autant plus facile qu'il rencontrera moins d'obstacles.

Les époux doivent, en second lieu, se secourir mutuellement : ils se sont unis pour partager leur commune destinée; si l'un a des besoins, il faut que l'autre les satisfasse dans la mesure de ses ressources. Les charges du ménage peuvent même retomber sur un seul, si l'autre est dénué de tout. Le secours part, en un mot, de la bourse (*ex arcâ*), tandis que l'assistance vient du cœur (*ex virtute*), et consiste dans certains devoirs d'humanité que se doivent les époux lorsque leur état physique ou moral les réclame.

Obligation imposée par la loi à la femme d'habiter avec son mari. — « *Mulieres viris suis subditœ sint,* » a dit St-Pierre (1). Ce sage précepte, consacré par notre législation, comme un des plus grands attributs de la puissance maritale, est fécond en conséquences.

L'une des plus importantes est l'obligation où se trouve la femme d'habiter avec son mari et de le suivre partout où il juge à propos de résider; le mari est obligé, de son côté, de la recevoir et de lui fournir tout ce qui est nécessaire pour les besoins de la vie, dans le domicile conjugal (214).

La loi ne s'étant pas expliquée sur les voies que

(1) *Epistola beati Petri, apostoli prima, cap. III, § 1.*

pourrait employer le mari pour contraindre sa femme à le suivre et à venir habiter avec lui, dans le cas où elle s'y refuserait, deux systèmes se sont élevés sur ce point, tous deux s'appuyant sur de nombreux arrêts et sur la doctrine d'auteurs également recommandables.

Suivant l'un, le mari peut contraindre son épouse, *manu militari*, à réintégrer le domicile conjugal, lorsqu'elle s'en est écartée, poussée par l'amour de l'indépendance ou par un sentiment plus coupable (1). On reproche à ce système d'être un peu trop arbitraire et de heurter la liberté individuelle. On exerce, en effet, sur la femme, une espèce de contrainte par corps, que la loi n'a permise nulle part et que la jurisprudence a cherché à pallier, en usant de procédés convenables pour son exécution (2), mais qui n'en est pas moins, au fonds, une mesure de rigueur. Ce moyen ne fait, d'ailleurs, le plus souvent, qu'irriter la femme et constater, avec scandale, son refus d'accomplir les devoirs attachés à sa qualité d'épouse.

Le second système consiste à autoriser le mari séparé de sa femme par le caprice de celle-ci, à la faire

(1) Cass., 9 août 1826, rej. S. 27, 1, 88; id. 25 juill. 1840, Dijon, S. 2, 291; *sic* VAZEILLE, TOULLIER, ZACHARIÆ, VALETTE sur PROUDHON, MARCADÉ.

(2) « L'emploi de la force publique ne doit aucunement être confondu avec l'exercice de la contrainte par corps; par celle-ci, on » s'empare de la personne pour lui enlever sa liberté et l'emprison- » ner; *celle-là ne fait qu'accompagner la personne pour la met- » tre en état de remplir ses devoirs et même de jouir de ses droits, » toujours en pleine liberté.* » Tels sont les motifs sur lesquels s'appuie l'arrêt du 9 août 1826 déjà cité.

rentrer dans la maison commune par la saisie de ses revenus jusqu'à ce qu'elle fasse sa soumission (1).

Ce mode de procéder de la part du mari ne nous paraît pas meilleur que le précédent et contient, comme lui, une violation des principes de l'équité.

L'obligation imposée à la femme d'habiter avec son mari, bien qu'elle soit formulée dans le Code, est une obligation purement morale, et qui doit par conséquent échapper à la rigueur de la loi.

Mais si la femme est obligée d'habiter avec son mari, celui-ci est obligé, de son côté, de la recevoir et de lui fournir tout ce qui lui est nécessaire pour les besoins de la vie. L'impuissance de la loi devant le refus obstiné du mari de recevoir sa femme sous le toit conjugal, se fait sentir ici d'une manière pour ainsi dire plus saisissante que dans le cas précédent, et l'affaire Neylies qui a acquis une triste célébrité dans les annales de la jurisprudence nous montre la justice vaincue par la résistance opiniâtre d'un mari (2).

La demande en séparation de corps dissout provisoirement l'obligation imposée aux époux d'habiter en commun et vient apporter à la puissance maritale un juste correctif qui met la femme à l'abri de tout abus d'autorité de la part d'un époux despote.

Droits de la femme comme mère et comme veuve.

La femme a sur la personne de ses enfants le droit

(1) 24 août 1818, Toulouse, S. 21-2-149; 29 mars 1831, Aix, S. 33-2-92; 14 mars 1831, Paris, 2-159 : *sic* DELVINCOURT, FAVARD, CHAUVEAU, *J. des Avoués*, t. 37, p. 673.

(2) Arrêts du 17 août 1824; 7 décem. 1824; 8 août 1826; 17 novem. 1826; cassat. 20 janv. 1830. D. 30, 1, 60.

de puissance paternelle qu'elle partage avec son mari. Seulement l'exercice de ce droit n'appartient, durant le mariage, qu'au mari seul, comme chef de la société conjugale (373). Mais lorsqu'une incapacité quelconque ou la mort viennent placer celui-ci dans l'impossibilité d'exercer la puissance paternelle, la femme, en sa qualité de mère, jouit alors de prérogatives à peu près semblables à celles de son époux sur la personne de ses enfants. Elle peut s'opposer efficacement à leur mariage (149), tandis que, du vivant du père, le refus de son consentement ne pouvait l'empêcher (148). Elle exerce sur eux le droit de correction avec le concours des plus proches parents paternels et a l'usufruit de leurs biens (381-384); elle est enfin tutrice légale de ses enfants mineurs, droit exclusivement attribué aux mères et aux ascendantes, et dont les autres femmes sont déclarées incapables par les dispositions de l'art. 442, qui leur refuse aussi le droit de faire partie d'un conseil de famille.

La femme devenue veuve perd, en se remariant, l'usufruit des biens de ses enfants mineurs; elle ne conserve la tutelle qu'après y avoir été maintenue par le conseil de famille (395) : dans ce cas, le second mari est de droit cotuteur. La loi a voulu, par cette sanction, détourner des seconds mariages qu'elle voit avec défaveur, parce qu'ils sont quelquefois pour les enfants d'un premier lit une source de malheurs.

Priviléges de viduité. — La plupart de nos anciennes coutumes accordaient aux veuves d'amples douaires sur les biens de leurs maris. Notre droit s'est montré moins généreux à leur égard, car c'est à peine s'il leur accorde, après la dissolution du mariage, le droit de se loger, de se nourrir et d'acheter des habits de deuil aux dépens de la succession de leur mari (1566, 1570, 1465) pendant un espace de temps très restreint.

CHAPITRE III.

Restrictions apportées à la capacité de la femme par le mariage.

Le principal et le plus grand effet de la puissance maritale est que la femme ne peut, sans l'autorisation de son mari, contracter aucune obligation, aliéner ses biens, les hypothéquer ni ester en jugement.

A la différence de la femme hors mariage qui jouit d'une capacité pleine et entière, la femme mariée est frappée d'incapacité, et l'on n'est guère plus d'accord aujourd'hui qu'on ne l'était autrefois, sur les motifs qui ont porté le législateur à imposer à la capacité de la femme qui se marie des bornes si étroites.

Les uns veulent que le législateur ait eu en vue l'intérêt exclusif de la puissance maritale, puisque la femme mariée est seule incapable et que les veuves et les filles majeures sont capables. Ce système serait fondé si la loi permettait au mineur d'autoriser sa femme; mais nous savons qu'il ne le peut pas, parce que ce n'est pas dans son seul intérêt, mais dans celui de tout le ménage que l'incapacité a été établie (1).

Une seconde opinion donne pour motif à l'incapacité de la femme mariée, la faiblesse du sexe. Mais alors pourquoi les filles majeures et les veuves seraient-elles capables? Est-ce que le mariage aurait la vertu d'alté-

(1) TOULLIER, t. II, n° 620. MERLIN, Rép. v° *puissance maritale.*

rer les facultés intellectuelles de la femme et son aptitude aux affaires? (1) Cette doctrine choquerait la raison ; elle donnerait au mariage le singulier effet de tenir en suspens l'intelligence de celle qui est appelée à la vie d'épouse et de mère ; elle serait contraire aux droits de famille que la loi reconnaît à la femme mariée, et qu'elle lui confère même sur la personne de son mari, dans le cas où il est interdit.

Pour nous, nous serions assez portés à croire que l'incapacité de la femme mariée a été établie à cause des intérêts matrimoniaux et de la paix du ménage. Le législateur a été animé par cette pensée que, dans toute société, il faut un pouvoir dirigeant ; ayant alors à choisir entre l'homme et la femme, il s'est décidé pour la force la plus grande et l'aptitude la plus exercée aux affaires. D'ailleurs la loi a fait tourner l'incapacité de la femme à son avantage, en lui donnant le droit d'invoquer elle-même à son profit la nullité des actes qu'elle a pu faire, sans être autorisée.

Maintenant que nous connaissons le principe de l'incapacité de la femme mariée, nous allons l'étudier dans ses applications diverses, en suivant, autant qu'il nous sera possible, un ordre logique.

Etendue de l'incapacité de la femme mariée.

Il serait faux de dire que l'incapacité de la femme mariée est générale, absolue, et doit s'appliquer à tous les actes. Aussi l'art. 1124 s'exprime-t-il d'une manière très exacte, en disant que la femme mariée est incapable de contracter dans *les cas exprimés par la loi.*

(1) PROUDHON, t. 1, p. 151.

Seulement il y a d'autres actes que les contrats, dans lesquels la capacité de la femme est limitée ; les dispositions de cet article doivent donc être étendues.

Le principe de l'autorisation ne s'applique qu'à la femme française et ne concerne que son statut personnel; il la suit partout conformément au § 3 de l'art. 3 du Code Napoléon.

C'est au jour de la célébration du mariage, et non au moment du contrat que la femme est frappée d'incapacité. Il n'en a cependant pas toujours été de même. Les coutumes d'Artois (1), de Bourgogne (2), d'Auvergne (3), etc., déclaraient qu'elle commençait au moment des fiançailles : disposition que Dumoulin critique à bon droit.

Les obligations, dans notre droit français, naissent de cinq sources : des contrats, des quasi-contrats, des délits, des quasi-délits et de la loi (1370). Or, si la femme n'est jamais obligée par ses contrats, elle l'est souvent par ses quasi-contrats, et toujours par les obligations qui naissent des trois dernières sources. Ainsi, pour ce qui concerne ses devoirs de mère à l'égard des enfants d'un premier lit, ou lorsqu'une valeur perdue pour un autre vient augmenter son patrimoine, *quandò aliquid in rem ejus versum erit*, la femme sera obligée ; car l'obligation ne naît pas, dans ce cas là, de sa volonté, mais des dispositions de la loi qui imposent à la mère la tutelle de ses enfants (390), et qui ne veulent pas qu'une personne, même incapable de s'obliger, s'enrichisse jamais aux dépens d'autrui (1241). Ainsi

(1) Art. 87.
(2) Art. 232.
(3) Chap. 23, art. 1.

supposons avec Pothier (1) qu'une femme ait emprunté
de quelqu'un une somme d'argent, sans qu'elle y ait été
autorisée ; sera-t-elle tenue de restituer ? Nous savons
que la femme ne peut s'obliger par contrat sans l'autorisation de son mari (217); d'après cela, il faudra décider qu'elle ne sera pas obligée de rendre la somme
empruntée. Mais si le prêteur justifie que la femme a
employé l'argent à acquitter ses dettes, qu'elle s'est par
conséquent enrichie, dans ce cas la femme sera tenue
en vertu d'une obligation que lui impose la loi naturelle, qui ne permet pas qu'on puisse s'enrichir aux
dépens d'autrui : de sorte que la femme n'est pas
obligée à la restitution en vertu de son contrat, mais
en vertu de l'équité (2).

Contrats. — La femme mariée est incapable de
contracter comme les mineurs et les interdits ; mais
avec cette différence que son incapacité est moins étendue que la leur, d'après les termes mêmes de l'art. 1124.
Ainsi la femme est capable de rendre sa condition pire,
quand il s'agit d'actes d'administration (1449, § 2). Car
ces actes étant, pour la plupart, urgents ou même abso-
lument nécessaires, on n'aurait pu, sans grand inconvé-
nient, subordonner la validité de leur accomplissement
au concours de la volonté du mari avec celle de la
femme.

Actes d'administration. — Les dispositions de l'art.
1449, combinées avec celles des art. 223 et 1536,
donnent à la femme séparée de biens conventionnel-

(1) *Traité de la puissance maritale,* n° 10.

(2) Toullier, t. XI, n° 39 ; l. 206, D. *de reg. juris ant.*

lement ou judiciairement l'administration de ses biens meubles et immeubles. Elle pourra, par conséquent, faire des baux pour l'espace de neuf ans, et elle aura la faculté de les renouveler deux ans avant leur expiration, s'il s'agit de maisons, et trois ans avant la même époque, s'il s'agit de biens ruraux (1450).

Les obligations régulièrement contractées par la femme qui administre sont exécutoires sur tous ses biens; il est clair, en effet, quoi qu'en disent quelques auteurs, que lorsque la loi confère à la femme le droit de s'obliger pour les besoins de son administration, il faut qu'elle lui permette de donner à ses créanciers les garanties de l'art. 2092 (1).

Actes d'acquisition. — Les dispositions de l'art. 217 déclarent la femme incapable d'acquérir, soit à titre gratuit, soit à titre onéreux, sans l'autorisation de son mari : elle ne peut donc, ni recevoir une somme, ni acheter, ni accepter une donation, ni recueillir une succession ou un legs, ni constituer ou se faire consentir un droit d'usufruit ou une servitude. On ne doit pas s'étonner de voir prohibée l'acquisition à titre onéreux, puisqu'elle ne serait possible qu'au moyen d'une aliénation réciproque; l'incapacité de s'obliger emporte donc celle d'acquérir à titre onéreux. La prohibition faite à la femme d'acquérir à titre gratuit, qui est fondée sur une autre cause, se comprend tout aussi facilement : il y aurait quelque chose de blessant pour le mari si sa femme recevait une donation quelconque à son insu, *ne turpem quæstum faciat.* L'art. 934, au titre *des donations,* peut s'expliquer dans ce sens.

(1) DURANTON, II, 192.

Actes d'aliénation. — Les actes d'aliénation sont interdits à la femme d'une manière absolue par l'art. 217, qui pose en principe qu'elle ne peut donner, aliéner, hypothéquer sans l'autorisation de son mari. Elle ne peut donc 1° constituer sur ses immeubles des servitudes, 2° effectuer un paiement, 3° faire une renonciation, 4° donner l'usufruit d'un immeuble à antichrèse jusqu'au paiement de la créance (1), cet abandon constituant une *aliénation immobilière*; 5° payer une dette avant l'échéance du terme.

Mais à côté de ce principe général trop absolu viennent se placer quelques exceptions, et l'une des plus importantes résulte des dispositions de l'art. 1449. Le § 2 de cet article permet à la femme séparée de corps ou de biens l'*aliénation directe de son mobilier.* L'interprétation de cet article a donné lieu à quelques difficultés et a fait naître des opinions diverses. Ainsi l'on a soutenu que la femme mariée pouvait, sans autorisation, s'obliger sur son mobilier et l'aliéner indéfiniment, lorsqu'elle était séparée de corps ou de biens, et que cette faculté ne pouvait être restreinte au cas où il s'agit de l'administration de ses biens. Cette opinion nous paraît contraire aux principes et à l'esprit du droit sur cette matière.

Si la femme avait la capacité illimitée de s'obliger sur son mobilier, l'autorité maritale serait grandement compromise en face de droits si étendus. D'ailleurs la capacité de s'obliger dérivant pour la femme séparée de biens du pouvoir d'administrer qui lui est conféré, la conséquence ne serait pas d'accord avec le principe,

(1) Cass. 28, nov. 1811, rejet S. 12-1-18.

si cette capacité s'étendait aux actes qui ne sont pas
relatifs à l'administration. La femme séparée de biens
n'est donc capable de s'obliger que relativement à
l'administration de ses biens; d'où nous concluons
qu'elle est incapable d'aliéner son mobilier indéfiniment.
D'ailleurs la faculté de s'obliger embrassant, non seulement le présent mais encore l'avenir, la femme se
laisserait entraîner beaucoup trop aisément à sa ruine
en contractant des obligations dont elle n'apercevrait
peut-être pas toutes les conséquences fâcheuses (1).
Car non seulement son mobilier mais ses immeubles
eux-mêmes se trouveraient ainsi engagés, après le
mariage, d'après les dispositions de l'art. 2092. La jurisprudence s'est prononcée d'abord en faveur de la
capacité de la femme et l'a déclarée illimitée dans les
deux hypothèses que nous venons d'examiner (2).
Mais, par un retour heureux, et mieux pénétrée de
l'esprit de la loi, elle a interprété le § 2 de l'art. 1449
par le § 1, qui ne s'occupe de la capacité de la femme
que relativement à l'administration de ses biens et a

(1) RODIÈRE et PONT, *Traité du contrat de mariage*, t. II,
chap. VI, nº 882.

Tel était du reste en Droit romain, l'esprit de la loi *Julia* qui,
par ses dispositions, défendait au mari l'hypothèque du fonds dotal,
même avec le consentement de la femme. On avait sagement pensé
que celle-ci consentirait avec beaucoup plus de facilité l'hypothèque
que l'aliénation qui la dépouille de suite; de même le *sénatus-consulte*
velléien n'empêchait pas la femme d'aliéner pour autrui, de payer la
dette d'un tiers; il s'opposait seulement à ce qu'elle cautionnât l'exécution d'une obligation contractée pour un autre.

(2) 8 août 1820, Colmar, S. 21-2-266; 18 mai 1819, rej. S. 19-
1-339.

combiné cet article avec l'art. 217 (1). On a encore soutenu que la capacité d'aliéner le mobilier, attribuée à la femme d'une manière générale par les dispositions de l'art. 1449, comprenait non seulement les aliénations à titre onéreux, mais encore les donations. On s'est appuyé pour cela sur la généralité du mot *disposer* employé dans l'article 1449 qui, dit-on, n'aurait pas de sens dans un autre système ; et sur l'analogie de rédaction des art. 217 et 1449 : le premier, en effet, emploie les mots *donner* et *aliéner*, le second les mots *disposer* et *aliéner*. Mais ces arguments ne nous paraissent pas sérieux. Il arrive en effet souvent au législateur de se servir de deux termes synonymes pour exprimer la même idée. D'ailleurs l'art. 905 est aussi absolu que l'art. 217, et ne distingue pas entre les diverses espèces de biens. On comprend, en effet, que la loi permette à la femme d'aliéner son mobilier à titre onéreux, parce qu'elle reçoit un équivalent ; mais cet avantage n'existe pas dans la donation. De plus, la morale ne permet pas à la femme de faire des donations à l'insu de son mari. Ce dernier motif est plus que suffisant pour lui interdire toute libéralité.

Enfin la publication que ferait la femme d'un écrit, sans l'autorisation de son mari, tomberait-elle sous le coup de l'art. 217 du Code Napoléon, et serait-elle attaquable, par ce motif, pour défaut d'autorisation? On s'est occupé de cette question à la chambre des députés (2), et on l'a résolue affirmativement. Nous sommes loin de partager cet avis, et nous établissons une diffé-

(1) Cass. 12 février 1828; 19 mars et 15 mai 1829 ; 30 janvier 1841; MARCADÉ, t. III, art. 1449 ; ZACHARIÆ, t. III, p. 482; DURANTON XIV, 429.

(2) *Moniteur* des 26 et 27 mars 1841.

rence entre la publication elle-même et les contrats qui peuvent intervenir entre l'auteur et l'éditeur. Nous comprenons que, pour ceux-ci, l'autorisation maritale soit indispensable. Mais les produits de l'intelligence nous paraissent un bien tout à fait à part, qui n'est pas entré dans les vues du législateur lorsqu'il a édicté l'art. 217.

Dispositions à cause de mort. — Le droit coutumier admettait assez généralement que la femme pouvait tester sans l'autorisation de son mari. Il y avait cependant quelques coutumes qui exigeaient l'autorisation maritale, notamment la coutume de Normandie qui disait, dans son art. 417 : *femme mariée ne peut tester d'aucune chose, s'il ne lui est permis par son mari ou que, par son traité de mariage, il en soit ainsi convenu.* Le Code Napoléon a adopté la règle générale du droit coutumier; la femme peut donc aujourd'hui faire un testament et le révoquer sans l'autorisation de son mari (226, 905, § 2). Le testament ne produisant d'effet qu'après la mort de la femme, ne porte aucune atteinte aux droits du mari.

Mais, de ce que la femme a la faculté de tester, il ne faudrait pas en induire qu'elle peut faire une institution contractuelle. Cet acte en effet, à la différence du testament, paralyse l'exercice du droit de disposer à titre gratuit et ne peut être, par conséquent, effectué sans la participation du mari.

Nous avons vu *supra* que la femme ne pouvait faire aucune donation sans l'autorisation de son mari : les mêmes motifs de bienséance ont dicté au législateur les dispositions de l'art. 776, par lesquelles il défend à la femme d'accepter aucune succession ni aucun legs sans y avoir été préalablement autorisée. De plus, l'acceptation entraîne quelquefois après elle des engagements, et nous savons que la femme ne peut s'obliger seule.

Pourrait-elle au moins répudier une succession ou un legs? Nous lui refuserions cette faculté, parce que nous verrions dans cet acte une aliénation et que, d'après nous, elle ne peut aliéner que son mobilier à titre onéreux et lorsqu'elle est séparée de biens. La répudiation de la part de la femme est une aliénation à titre gratuit en faveur de la personne qui recueille le legs ou la succession répudiée; quoique celle-ci ne soit pas regardée comme donatrice, elle n'en fait pas moins un profit, grâce à la renonciation de la femme.

Quasi-contrats. — L'incapacité de contracter dont est frappée la femme mariée la rend-elle également incapable de quasi-contracter? Nous savons déjà que le mandant n'a d'action contre la femme mariée qui a accepté le mandat sans l'autorisation de son mari que jusqu'à concurrence de ce qui a tourné à son profit, *in quantum locupletior facta est* (1990). C'est en effet la faute du mandant d'avoir choisi un mandataire qu'il savait être incapable de s'obliger. Mais il ne faudra pas, selon nous, appliquer les dispositions de l'art. 1990 à la femme mariée qui, sans l'autorisation de son mari, s'ingère dans les affaires d'un absent qui ne l'en a nullement chargée; car ici il n'y a aucune identité de raison. Le maître absent n'a aucune faute à s'imputer, car il n'a pu empêcher la gestion de la femme qu'il ignorait. La femme est, comme toute personne, soumise à la règle que chacun est responsable du dommage qu'il a causé par son fait (1382): seulement les tiers avec lesquels la femme aura contracté directement, n'auront aucun recours contre elle, tant qu'elle ne se sera pas enrichie à leurs dépens; car ils ont commis une faute, lorsqu'ils ont contracté avec elle sans consulter le mari; ils ont blessé l'autorité maritale, et la loi les en punit en frappant leurs contrats de nullité (1).

Lorsque, au contraire, c'est un tiers qui s'est ingéré dans les affaires de la femme, sans aucun fait de sa part, l'obligation résultant de cette gestion d'affaires est, à plus forte raison, valable; car la femme est capable, comme toute personne, des obligations autres que les obligations consensuelles. Elle devra donc tenir compte à ce tiers des dépenses utiles et nécessaires qu'il aura faites dans son intérêt.

Ce qui a produit la diversité d'opinions en cette matière, c'est la trop grande assimilation qu'ont faite quelques auteurs des contrats aux quasi-contrats, tandis qu'il ne faut jamais perdre de vue que les engagements qui naissent à l'occasion de la gestion des affaires d'autrui sans mandat, dérivent de la loi, sans qu'il intervienne aucune convention, et nous savons très bien que la femme mariée est capable des obligations qui dérivent de la loi.

Quant au paiement qui aurait été fait à la femme d'une somme qui ne lui était pas due, la femme doit la restituer intégralement en vertu de cette maxime : *nul ne doit s'enrichir aux dépens d'autrui.*

Délits et quasi-délits. — Si la femme mariée est entourée d'une protection toute spéciale, dans les cas où

---

(1) *Sic* Domat, l. II, tit. IV, sect. 1, n° 10; l. 3, § 1, D. *de negot. gest.* — Contrà Pothier, *de la puissance du mari*, n° 80; Delvincourt, t. III, p. 162 et suiv.; Duranton, t. II, n° 197.

ses intérêts pourraient être lésés, il ne faut pas non plus qu'elle puisse abuser de sa position favorable pour nuire impunément à autrui. C'est dans ce but que la loi l'excepte de la nécessité de l'autorisation, lorsqu'elle est poursuivie en matière criminelle ou de police (216).

La loi ne doit pas admettre d'intermédiaire entre la société qui poursuit la répression d'une infraction et l'auteur de cette infraction. Ainsi la femme défenderesse peut paraître en justice sans être autorisée, lorsqu'il s'agit d'une poursuite intentée par le ministère public, et même si l'action civile était intentée conjointement et accessoirement à la poursuite du ministère public, la dispense d'autorisation existerait également en vertu de ce brocard de droit : *accessorium sequitur principale*. Si l'on n'admettait pas cette doctrine, on rendrait impossible, à l'égard des femmes mariées, sous le coup de l'action publique, la disposition du droit criminel qui autorise la partie civile à intervenir pendant les débats (art. 359 du Code d'inst. crim., combiné avec l'art. 216 du Code Nap.).

Actes judiciaires et extrajudiciaires. — L'ancienne jurisprudence déclarait autrefois, et l'art. 215 du Code Napoléon déclare encore aujourd'hui, la femme incapable d'ester en jugement, *stare in judicio*, c'est-à-dire de plaider, soit comme demanderesse, soit comme défenderesse, soit comme intervenante, sans l'autorisation de son mari.

Cette incapacité, l'une des prérogatives de la puissance maritale, ne commence qu'au moment de la célébration du mariage et ne dépend nullement du genre de contrat qu'auront adopté les époux : peu importe en effet qu'ils soient mariés sous le régime dotal, sous le régime de la communauté, ou qu'ils soient séparés de biens.

La loi qui s'est montrée beaucoup plus large pour la femme, lorsqu'elle est marchande publique, et qui ne lui demande, dans ce cas, qu'une autorisation générale de son mari, pour qu'elle puisse exercer librement tous les actes qui se rattachent à son commerce, exige d'elle, comme de la femme ordinaire, une autorisation spéciale, pour qu'elle puisse ester en jugement. C'est qu'en effet le mari a pu avoir assez de confiance en son intelligence pour lui laisser faire le commerce, sans qu'on doive en inférer qu'il a eu la même confiance relativement aux affaires judiciaires, qui sont d'une nature toute différente.

Cette règle reçoit exception dans le cas où la femme est défenderesse en matière criminelle, comme nous l'avons déjà vu *supra*.

La femme est également dispensée, selon nous, de la nécessité de l'autorisation lorsqu'elle poursuit la nullité de son mariage. Cette question a soulevé des opinions diverses, et la Cour de cassation, appelée à la résoudre, s'est prononcée en faveur de l'autorisation maritale (1), en se fondant sur ce que la loi avait gardé le silence sur ce point, et qu'on rentrait alors dans le droit commun. Nous ferons à cet argument une réponse bien simple : c'est que forcer la femme à demander une autorisation à son prétendu mari, ne serait-ce pas la contraindre à se reconnaître femme mariée? Ce serait là une pétition de principes. Indépendamment de cela, l'autorisation maritale entraînerait, comme con-

(1) Arrêt du 21 juin 1813, *J. du P.*, t. II, p. 202.

séquence forcée, un accord entre les parties; or, ce
résultat inadmissible a été repoussé par la loi dans
des circonstances analogues à la nôtre, c'est-à-dire dans
les demandes en séparation de biens ou de corps, et
dans la demande en divorce, avant la loi du 8 mai 1816.

Mais faudrait-il exiger, du moins, en ce cas, l'autorisation de justice? Nous ne le pensons pas davantage;
car, l'autorisation de justice n'étant ordinairement exigée qu'à défaut de celle du mari, il faut préalablement
consulter celui-ci. La loi n'a pas manqué d'énumérer
les cas exceptionnels dans lesquels elle a voulu qu'on
eût recours à la justice pour se faire autoriser. Toutes
ces considérations nous portent à conclure que la
femme qui veut intenter une demande en nullité de
mariage, peut le faire sans y être autorisée.

La femme a besoin d'autorisation, même pour les
demandes qu'elle veut former contre son mari; par
exemple, pour intenter une action en séparation de
biens ou de corps; mais, dans ce cas, l'autorisation est
accordée par le président du tribunal de première instance (865 C. Proc.). Si c'est, au contraire, le mari qui
assigne la femme, il l'autorise, par cela même, à ester
en jugement, pour se défendre.

Si le procès avait commencé avant le mariage, la
femme, pour le continuer, serait dispensée d'autorisation, pourvu que l'affaire fût en état au moment du
mariage (512 C. Proc.). Dans tous les cas, l'appel constituant une instance nouvelle, les adversaires doivent
connaître les qualités de la personne avec laquelle ils
agissent, et, par suite, assigner le mari (1).

(1) Duranton, II, n° 458; arrêt de Cass. du 7 août 1815, S. 1-
316; Contrà, Toullier, t. II, p. 16, n° 620.

L'intervention de la puissance maritale n'est requise que dans les actes judiciaires. Si donc il s'agissait d'exploits non relatifs à une instance, de significations, de protêts, sommations et autres actes du ministère de l'huissier, mais extrà-judiciaires et s'accomplissant en dehors d'un procès, l'autorisation ne serait plus nécessaire, pourvu que la femme eût le droit d'administration sur les choses qui feraient l'objet de ces actes.

Actes conservatoires. — La femme est dispensée d'autorisation pour faire tout acte qui a pour but unique, soit la conservation, soit la sûreté de ses droits.

Elle peut, par conséquent, provoquer l'inscription de son hypothèque légale, et de toutes autres hypothèques, en général, qu'elle pourrait avoir contre tout autre individu que son mari. L'art. 2139 du C. Nap. lui confère ce droit en termes exprès.

Si elle reçoit une donation avec l'agrément de son mari, elle peut faire transcrire au bureau des hypothèques les actes qui lui en confèrent le bénéfice (939-940); elle devra aussi, lorsqu'elle se sera mariée en pays étranger, faire insérer, à son retour en France, dans les registres de l'Etat civil, l'acte de célébration de son mariage (171). L'autorisation maritale ne lui sera nullement nécessaire pour ce cas et pour bien d'autres, qu'il serait trop long d'énumérer ici (1).

De l'autorisation maritale et de ses formes. — L'autorisation maritale est l'approbation que le mari donne aux actes que sa femme ne peut faire sans son consentement. Elle n'a pour motifs ni la faiblesse des femmes

(1) Ainsi, la femme peut acquérir, par suite de l'accession, ou par l'effet de la prescription, parce que, dans ce cas, sa volonté n'intervient pas directement; c'est la loi qui lui fait acquérir.

et leur peu d'expérience dans les affaires, ni l'intérêt exclusif des maris, comme on a voulu le prétendre (1), mais elle a été établie dans le but de sanctionner, pour tous les actes de la vie civile, le devoir d'obéissance imposé à la femme et garantir son patrimoine, en tant qu'il est destiné à subvenir aux besoins du ménage et à assurer l'avenir de la famille.

Les coutumes exigeaient autrefois que l'autorisation que donnait le mari à sa femme pour passer un acte, fût expresse et formelle ; ce n'était que pour les procédures qu'on se contentait d'une autorisation tacite (2). Le Code a rejeté cet excès de précautions, et déclare, dans l'art. 217, que le concours du mari dans l'acte fait par la femme, ou son consentement par écrit, suffisent pour habiliter celle-ci à contracter.

Cette disposition est, suivant nous, également applicable aux actes judiciaires, quoique l'art. 215 ne s'en explique pas formellement ; car il serait absurde de supposer que le droit actuel se montrât plus rigoureux sur ce point que l'ancienne jurisprudence. D'ailleurs, l'art. 217, ayant à réformer l'ancien droit, devait le faire d'une manière explicite.

L'autorisation nécessaire à la femme étant une des prérogatives de la puissance maritale, est d'ordre public et ne peut, par conséquent, être donnée sous une forme générale, dans le contrat de mariage (223 et 1388 combinés). Une telle autorisation n'est valable que pour l'administration des biens de la femme. La spécialité est donc un des caractères distinctifs de l'autorisation maritale. Ce n'est pas à dire pour cela

(1) D'AGUESSEAU. Plaidoyer du 3 avril 1691.
(2) MERLIN, Rép., v° autorisat. marit.

que l'autorisation ne puisse pas être donnée pour plusieurs actes ; mais il faut, dans ce cas, que chacun y
soit spécifié.

Il ne faut pas confondre avec cette autorisation le
mandat général que le mari, partant pour un voyage,
donnerait à sa femme, de faire, relativement à ses
biens, tous actes qu'elle jugerait convenables. Ici la
femme agirait comme mandataire et le mari pourrait
lui conférer des pouvoirs aussi étendus qu'il le vou-
drait ; mais ces pouvoirs ne pourraient avoir de valeur,
relativement aux biens de la femme, que pour les actes
d'administration (1538).

C'est à tort que l'art. 220 considère les cas dans lesquels la femme est marchande publique, comme constituant une exception au principe de l'autorisation ; il
n'établit qu'une exception à la spécialité de l'autorisation ; car nous savons que l'art. 4 du Code de Commerce exige le consentement du mari pour que la
femme soit marchande publique.

La femme qui fait le commerce, peut donc s'obliger,
sans autorisation spéciale de son mari, pour ce qui
concerne son négoce (220). Elle peut même, en vertu
de l'art. 7 du Code de Commerce qui a dérogé profondément à l'art. 1538, § 2, aliéner et engager ses immeubles, toujours pour le besoin de son commerce.
Mais nous avons vu (215) qu'elle ne pouvait ester en
justice sans autorisation spéciale.

Ici se présente une question assez importante qui
a divisé les auteurs, celle de savoir si l'engagement
contracté par la femme marchande, sans que la cause
ait été énoncée dans l'acte, doit être réputé avoir eu
lieu pour fait de commerce. Cette question a une très-

grande importance : car, si l'on présume la commercialité de l'acte, la femme qui veut le faire annuler,
devra prouver qu'il est étranger à son commerce. Si
l'on admet la présomption contraire, ce sera au tiers
qui a contracté avec la femme à prouver que le contrat est intervenu à l'occasion du négoce de celle-ci.
Une première opinion admet que lorsque la cause de
l'engagement n'est pas exprimée, on doit se prononcer
pour la non commercialité de l'engagement, soit qu'il
s'agisse de simple billet, soit qu'il s'agisse d'aliénations
ou d'emprunts notariés. Dans ce système, on rejette
l'art. 638 du Code de Commerce comme s'appliquant
aux personnes capables seulement (1). Mais nous ferons observer que l'art. 638 doit recevoir une plus
grande extension que celle qu'on veut bien lui donner.
Il se réfère, en effet, *aux billets souscrits par un com-
merçant*, sans exprimer s'il est capable ou non : or
la femme est commerçante, donc les billets souscrits
par elle sont présumés commerciaux.

C'est ce qu'a admis une seconde opinion en établis-
sant une différence entre les simples billets et les
aliénations ou emprunts notariés. Les partisans de
cette opinion admettent, pour les simples billets, la
présomption de commercialité établie par l'art. 638
du Code de Commerce. Mais ils rejettent cette présomption lorsqu'il s'agit d'actes sérieux pour lesquels
on a le temps de la réflexion et que la loi n'a pas eus
en vue, lorsqu'elle a créé une exception à l'incapacité
de la femme, en faveur de la célérité avec laquelle se
font les opérations commerciales (2). Cette opinion

(1) Pardessus, dr. comm., t. 1, nᵒˢ 62 et 71.
(2) Toullier, Marcadé, Valette sur Proudhon.

nous paraît préférable à la précédente. Cependant nous irions plus loin et nous admettrions la présomption de commercialité, même pour les actes notariés, par cette considération qu'il serait souvent très difficile aux tiers de prouver que l'obligation notariée a eu pour but le commerce de la femme; car il faudrait que celle-ci voulût bien leur révéler le secret de ses opérations (1).

Autorisation judiciaire, ses formes. — L'autorisation de justice doit intervenir pour suppléer l'autorisation maritale : 1° lorsque le mari refuse son autorisation ; 2° lorsqu'il ne peut la donner, soit parce qu'il est absent, soit parce qu'il est frappé d'incapacité à raison de son âge ou par suite de quelque condamnation pénale.

Il est enfin des cas exceptionnels dans lesquels la justice est appelée à exercer, au lieu et place du mari, le droit d'autorisation (2). Comme aussi, il y a un cas où la justice ne peut pas suppléer l'autorisation maritale et où le refus du mari entraîne par conséquent l'incapacité absolue de la femme : c'est celui que prévoient les dispositions de l'art. 1556. La femme doit être autorisée de son mari, lorsqu'elle veut, pour établir ses enfants communs, leur donner ses biens dotaux. On conçoit en effet que, dans cette hypothèse, l'affection d'un père pour ses enfants soit une garantie suffisante pour faire présumer que son refus est basé sur de justes motifs et n'a pas besoin du contrôle de la justice.

Refus du mari. — Le mari doit être un protecteur

(1) Demolombe, t. IV, nos 30 et suiv.
(2) Demandes en séparation de corps ou de biens.

dans sa famille et non pas un despote. Si donc il refuse injustement à la femme l'autorisation dont elle a besoin pour des actes qu'elle a intérêt à accomplir, celle-ci peut s'adresser à la justice pour se faire habiliter. « Comme il n'y a, dit M. Portalis, aucun pou-
» voir particulier qui ne soit soumis à la puissance
» publique, le magistrat peut intervenir pour réprimer
» les refus injustes du mari et pour établir toutes
» choses dans l'état légitime. » Tels sont les motifs qui ont dicté aux rédacteurs du Code Napoléon les art. 218 et 219.

La femme pourrait-elle, en cas de refus du mari, se faire autoriser par la justice à faire le commerce? Nous n'hésitons pas à répondre négativement sur cette question avec la majorité des auteurs (1). On conçoit, en effet, que le mari puisse avoir de justes raisons pour empêcher sa femme d'être marchande publique. Cette profession peut avoir pour la femme des conséquences fâcheuses qui pourraient rejaillir sur le mari. La femme qui fait le commerce peut engager ses biens extra-dotaux et priver ainsi le ménage d'une ressource, en cas de besoin ; elle est passible de la contrainte par corps et peut être entraînée dans une faillite déshonorante. Nous ne voyons d'ailleurs nulle part écrit dans la loi que la justice puisse donner l'autorisation générale nécessaire dans ce cas-ci.

Incapacité du mari. — La justice peut autoriser la femme à la place du mari, lorsque celui-ci est incapable.

___

(1) TOULLIER, t. XII, n° 259 ; BRAVARD-VEYRIÈRE, p. 17 ; ZACHARIE, t. III, p. 334, note 4 ; PARDESSUS, n° 63 ; MOLINIER, p. 112, n° 167. — *Contrà* arrêt du 24 oct. 1844, *J. du P.* II, 161.

Mais le pourrait-elle dans le cas où le mari a seul le pouvoir d'autorisation? Ainsi, nous savons que l'art. 1556 défend à la femme de doter ses enfants communs sans l'autorisation de son mari. Si celui-ci est incapable d'autoriser sa femme, la justice peut-elle le faire? rien ne s'oppose, en ce cas, à ce que la femme puisse recourir à la justice pour se faire autoriser; car les motifs qui réservaient cette prérogative au mari seul, n'existent plus dans cette hypothèse. Nous admettrions la même décision pour le cas où la femme veut faire le commerce (1).

Examinons maintenant dans quelles circonstances le mari ne peut pas autoriser sa femme.

Absence du mari. — Les dispositions des art. 222 du Code Nap. et 863 du Code de Proc. confèrent au juge le droit d'autoriser la femme lorsque le mari est déclaré ou présumé absent. Il est même généralement admis (2) qu'il n'est pas nécessaire qu'il y ait absence dans le sens légal de ce mot; l'éloignement du mari suffirait à la femme pour l'autoriser à recourir à la justice; seulement, dans ce cas, les magistrats ne sauraient apporter trop de circonspection pour autoriser la femme : car il pourrait se faire que celle-ci profitât de la nécessité où a été placé son mari de faire un voyage, pour éluder la puissance maritale qu'elle saurait être peu favorable à ses projets.

Minorité. — Les coutumes accordaient autrefois au mari, quoique mineur, le pouvoir d'autoriser sa femme majeure à faire des actes d'administration ou d'aliéna-

(1) PARDESSUS, t. 1, n° 63. — *Contrà* ZACHARIE, t. III, p. 334, note 11.

(2) TOULLIER, II, 651; DURANTON, II, 506.

tion, et à plaider en justice. Elles se basaient pour cela sur cette considération, que le droit qu'avait le mari d'autoriser sa femme, était une suite de la puissance maritale (1). Si toutefois le mineur souffrait quelque préjudice des aliénations pour lesquelles il avait autorisé sa femme, il pouvait en demander la rescision pour cause de lésion.

Le Code, tout en admettant le même principe d'incapacité de la femme mariée, a consacré une règle différente dans son art. 224. Les dispositions de cet article ont soumis la femme d'un mineur à l'autorisation judiciaire, pour les actes que le mari ne peut faire lui-même. Mais pour les actes que le mineur émancipé peut faire sans être assisté de son curateur, l'autorisation de la justice devient inutile (2). Il peut se faire que les deux époux soient mineurs. Dans cette hypothèse le mari peut au besoin habiliter sa femme pour tous les actes énumérés dans l'art. 481. Pour tous les autres, la femme devrait se faire autoriser de la justice, en sa qualité de femme mariée, et se faire assister d'un curateur *ad hoc*.

Interdiction. — Lorsque le mari est interdit (222) ou placé dans une maison d'aliénés (3), sa femme doit s'adresser à la justice pour se faire autoriser à faire les actes qui sortent des limites de la simple administration (C. pr. 864); le tuteur du mari ne pourrait pas couvrir l'incapacité de celui-ci, parce qu'il s'agit ici de l'exercice de la puissance maritale qui n'appartient qu'à celui auquel la loi l'a attribué.

(1) MERLIN, Rép. v° *autor. marit.* sect. V, § 4; POTHIER, *puiss. du mari*, 29, 30, 31.
(2) TOULLIER, II, 653.
(3) Loi du 30 juin 1838.

Il résulte de l'esprit des art. 222 et 224 que le mari ne peut conférer à la femme que la capacité qu'il possède lui-même ; par conséquent le prodigue qui a reçu un conseil judiciaire, ne pourrait, malgré le silence de la loi, autoriser sa femme que pour les actes qu'il peut lui-même exécuter, sans l'assistance de son conseil (513).

Incapacité résultant d'une condamnation pénale. — Lorsque le mari est frappé d'une condamnation à une peine afflictive ou infamante, encore qu'elle n'ait été prononcée que par contumace, la femme même majeure ne peut, pendant la durée de la peine, ester en jugement ni contracter, qu'après s'être fait autoriser par le juge qui peut, en ce cas, donner l'autorisation sans que le mari ait été entendu ou appelé (221).

Cet article ne présente aucune difficulté : cependant M. Delvincourt a voulu donner à ces mots, *pendant la durée de la peine,* une extension beaucoup plus grande que ne le comporte leur véritable signification. Il a prétendu que ces mots s'appliquaient à la peine accessoire et que le condamné était incapable d'autoriser sa femme jusqu'à l'époque de sa réhabilitation (633 Cod. inst. crim.). Mais cette doctrine, qui a été repoussée par la plupart des auteurs (1), n'est pas acceptable, parce qu'elle frappe le condamné qui a subi sa peine d'une incapacité que la loi n'a pas prononcée contre lui. D'ailleurs ces mots, *pendant la durée de la peine,* ainsi entendus, n'auraient pas de sens, car ils n'excluraient que le cas fort rare de la réhabilitation (2).

(1) Marcadé, I, 559; Duranton, II, 507; Vazeille, II, 347.

(2) Nous appliquerions la même décision au cas où le mari aurait été condamné à la dégradation civique comme peine principale.

*Conséquences de l'autorisation et du défaut d'autori-
sation.* — L'autorisation du mari et celle de la justice
ont pour effet de faire cesser l'incapacité de la femme
mariée et de rendre l'acte pour lequel elle est inter-
venue aussi valide qu'il le serait si la femme n'était
pas mariée.

Toutefois celle-ci pourrait se prévaloir de tous les
vices dont serait entaché cet acte, et le faire annuler s'il
était irrégulier.

Mais la femme qui aurait contracté, autorisée par
la justice, au refus du mari, ne pourrait engager les
biens de la communauté que jusqu'à concurrence du
profit que celle-ci aurait retiré de ces contrats, à moins
que ce ne fût pour tirer son mari de prison, ou pour
l'établissement des enfants communs (1427). L'autorisation judiciaire produit ici moins d'effet que l'autorisation maritale; car si le mari avait, par son concours,
approuvé l'obligation, le créancier pourrait poursuivre
son paiement tant sur les biens de la communauté que
sur ceux du mari et de la femme (1419).

Le mari n'est pas responsable, vis-à-vis des tiers avec
lesquels la femme a contracté ou plaidé, de l'inoppor-
tunité de son autorisation. En conséquence, les obligations et les condamnations de la femme autorisée ne
s'exécutent que sur les biens personnels à celle-ci et
même pour la nue-propriété seulement, si le mari en
a l'usufruit. Mais le résultat n'est plus le même lorsque
le mari a quelque intérêt ou prend part, soit au contrat,
soit à la contestation.

Enfin l'art. 1450 rend le mari garant du défaut d'emploi ou de remploi vis-à-vis de la femme séparée, lorsqu'il l'a autorisée à vendre un de ses immeubles, tandis

qu'il est entièrement dégagé lorsque c'est la justice qui a donné l'autorisation, à moins qu'il n'ait concouru au contrat ou qu'il ne soit prouvé que les deniers ont été reçus par lui, ou ont tourné à son profit.

Défaut d'autorisation. — La plupart de nos anciennes coutumes regardant l'incapacité de la femme mariée comme un principe d'ordre public et une prérogative de la puissance maritale, déclaraient radicalement nul l'acte passé par la femme sans l'autorisation de son mari, en sorte 1° qu'il ne pouvait être validé par une ratification postérieure (1); 2° que la nullité pouvait être invoquée, non seulement par le mari, par la femme ou ses héritiers, mais par toute personne y ayant intérêt. Cette dernière conséquence avait été diversement interprétée. Ainsi, quelques auteurs admettaient que la caution de la femme qui avait contracté sans autorisation, était valablement obligée (2); ce qui était contraire à cette idée que l'acte fait par la femme, étant réprouvé par la loi, la nullité absolue qui en résultait devait nécessairement rejaillir sur le cautionnement, en vertu de cette maxime : *Accessorium sequitur principale* (3).

Sous l'empire du Code, la nullité résultat du défaut d'autorisation n'est plus que relative. L'art. 225 déclare, en effet, qu'elle ne peut être opposée que *par le mari, la femme et leurs héritiers.*

---

(1) *Femme mariée ne se peut obliger*, Cout. de Paris, art. 234; *ne peut aucunement contracter*, Orléans, art. 194; V. l'art. 9 de l'ordonnance de 1731.

(2) DOMAT, tit. *des cautions*, sect. I, n° 4; RENUSSON, *de la communauté*, 1re partie, chap. VII, n° 30.

(3) POTHIER, *Oblig.*, n° 396.

1° *Par le mari*. Le mari peut demander la nullité de l'acte fait par sa femme, sans son autorisation, mais pendant le mariage seulement; car, après sa dissolution, il n'a plus d'intérêt, puisque son action n'est fondée que sur la puissance maritale, qui n'existe plus en ce moment.

2° *Par la femme*. La femme jouit d'un privilège plus étendu que celui du mari, car elle peut invoquer la nullité résultant du défaut d'autorisation, *pendant* et *après* son mariage. Mais, que faudrait-il penser d'une femme qui aurait pris dans un acte la qualité de fille majeure ou de veuve, ou qui aurait persuadé aux tiers avec lesquels elle voulait contracter, qu'elle était autorisée de son mari, alors qu'il n'en était rien en réalité? Une telle femme pourrait-elle se prévaloir de sa mauvaise foi et invoquer une nullité qu'elle se serait ménagée à dessein? Nous pensons que la femme peut attaquer l'acte comme entaché de nullité. Celui qui contracte avec une femme doit s'imputer de ne pas connaître son état : *qui cum aliquo contrahit, debet esse gnarus conditionis ejus cum quo contrahit.* La simple déclaration de la femme est de la même nature que celle que fait un mineur qu'il est majeur, laquelle n'est point un obstacle à la *restitutio in integrum* de ce mineur (1307). Le système contraire ouvrirait la porte à de trop grands abus, car il dépendrait de la femme d'éluder la puissance maritale, en prenant la qualité de fille ou de veuve (1). Mais si le mariage de cette femme n'était pas connu dans le pays, et si elle avait usé de faux titres pour couvrir son incapacité, et était

_____

(1) POTHIER, *Puiss. marit.*, n° 84; *contrà* MARCADÉ, 1, 866, al. II.

ainsi parvenue à tromper les tiers avec lesquels elle aurait contracté, nous croyons qu'on devrait appliquer dans ce cas la loi *Barbarius philippus* (1), sur laquelle est fondée la maxime : *Error communis facit jus*, et déclarer les obligations de la femme bonnes et valables.

3° *Par leurs héritiers.* Lorsque ces expressions sont employées pour désigner *les enfants communs*, on les comprend très-bien dans la bouche du législateur ; mais que penser, lorsque les époux ont des héritiers distincts et comment faut-il entendre les termes de l'art. 225? On conçoit que les héritiers de la femme puissent se prévaloir, comme elle, de la nullité résultant du défaut d'autorisation, car ils sont toujours intéressés à le faire. Mais nous n'admettrions pas la même décision pour les héritiers du mari, car ils n'auront jamais intérêt, et, par conséquent, droit de faire annuler les actes de la femme; ce n'est que dans le cas où il y avait communauté entre les époux, qu'ils pourraient avoir quelque intérêt à attaquer l'obligation de la femme non autorisée; mais, dans ce cas, l'art. 1426 leur donne ce droit, quand même l'obligation ne serait pas nulle. Si la loi s'est servie du mot *héritiers*, c'est par inadvertance et parce qu'elle n'avait en vue, dans ce moment, que les enfants issus du mariage, c'est-à-dire les héritiers communs.

Les créanciers du mari seront écartés *à fortiori*, car ils ne peuvent avoir plus de droits que ses héritiers, et, de plus, l'art. 225, qui s'exprime d'une manière parfaitement limitative, ne les mentionne pas ; et, si l'art. 1166, leur permet d'exercer tous les droits et actions

(1) L. 3, D. *de officio prætorum.* V. aussi l'art. 1310 du C. Nap.

de leur débiteur, il en excepte toutefois les droits exclusivement attachés à la personne (1).

En ce qui concerne les créanciers de la femme, l'intérêt plus direct qu'ont ceux-ci a rendu la question plus douteuse. Mais nous trouvons, dans le silence de la loi, un argument assez fort pour les écarter. Ces créanciers n'ont d'ailleurs qu'un intérêt purement pécuniaire qui viendrait peut-être froisser des intérêts plus sacrés que le leur, tandis que les héritiers consulteront leur conscience avant de se prévaloir des droits que la loi leur confère (2).

L'obligation de la caution survivra-t-elle à celle de la femme non autorisée qui se prévaut du défaut d'autorisation et fait annuler le contrat? Cette question, résolue négativement dans l'ancien Droit, parce que l'on considérait alors la nullité comme étant absolue, doit recevoir aujourd'hui une solution contraire. Nous croyons donc que la nullité de l'obligation principale ne doit pas entraîner celle du cautionnement ; cela résulte des termes des art. 2012 et 2036 combinés. D'après ces articles, en effet, la caution ne peut pas opposer les exceptions qui sont personnelles au débiteur ; et même, parmi les exceptions qui appartiennent au débiteur principal, elle ne peut se prévaloir que de celles qui sont *inhérentes* à la dette. Or, la nullité dont il s'agit ici, n'est pas inhérente à la dette et est au contraire une exception tout à fait personnelle à la femme : l'obligation de la caution peut donc survivre à l'obligation principale.

(1) *Contrà*, MARCADÉ, t. I, p. 567, § III.
(2) 1er août 1810, Angers, S. 14, 2, 144 ; 2 août 1827, Grenoble, S. 28, 2, 186; *contrà* DURANTON, VAZEILLE, MARCADÉ.

La nullité ne pouvant être invoquée que par le mari,
la femme ou leurs héritiers, il en résulte que les tiers,
qui ont traité avec la femme, ne peuvent pas s'en prévaloir. On a vainement essayé de soutenir que les dispositions de l'art. 225 ne s'appliquaient pas aux
donations qui étaient soumises à des formes particu-
lières. L'art. 932 dit bien que la donation entre vifs
n'engage le donateur que du jour qu'elle aura été accep-
tée *en termes exprès*; mais il ne dit pas que cette acceptation, pour être valable, doive être inattaquable de la
part du donataire.

La femme, d'après l'art. 934, ne peut accepter une
donation sans l'agrément de son mari; mais la loi n'a
pas fait de distinction entre la nullité qui résulte de
cet article et celle des autres contrats faits par la femme.
D'ailleurs on comprend très-bien que les tiers ne puissent pas demander la nullité d'un acte passé entr'eux
et la femme non autorisée, parce que l'autorisation
n'est pas exigée dans l'intérêt des tiers; il ne faut pas
augmenter les rigueurs de la loi en matière de donation.

Mais la nullité, qui résulte du défaut d'autorisation, n'étant que relative, peut se couvrir, soit par la
confirmation du mari, soit par celle de la femme, soit
par celle de tous les deux conjointement. Lorsque les
deux époux ratifient l'acte qui était annulable, ils de-
viennent non recevables, eux et leurs héritiers, à l'attaquer ultérieurement.

La femme peut ratifier l'acte annulable, soit pendant
le mariage, avec l'autorisation de son mari ou de la
justice, soit après sa dissolution, par sa seule volonté.
Si la ratification intervient pendant le mariage, avec

l'autorisation de justice, le mari conservera le droit que lui confère l'art. 225, d'attaquer l'acte. Mais si c'est avec l'autorisation du mari que la femme ratifie, celui-ci est censé renoncer, par cet assentiment, à son action en nullité.

L'approbation qui émane du mari, soit pendant, soit après le mariage, produit une fin de non recevoir contre son action en nullité; mais nous pensons qu'elle ne peut avoir aucun effet, soit à l'égard de la femme, soit à l'égard de ses héritiers; il n'appartient pas, en effet, au mari, de priver sa femme du bénéfice de la nullité d'un engagement qu'elle avait contracté au mépris de la loi. L'art. 217 dit formellement que la femme ne peut donner, aliéner, hypothéquer, *sans le concours du mari dans l'acte, ou son consentement par écrit.* L'art. 1304 nous fournit enfin un argument décisif en faveur de cette opinion : cet article accorde à la femme 10 ans, à partir de la dissolution du mariage, pour se prévaloir de la nullité de l'acte, tandis que le même délai est accordé au mari, mais à partir de la confection de l'acte, et amènerait une ratification tacite de sa part qui, si elle était suffisante pour couvrir la nullité, viendrait enlever à la femme le bénéfice de l'art. 1304 (1).

L'art. 1338 énumère les conditions que doit réunir la ratification expresse. La ratification tacite résulte, soit de l'exécution de l'acte, soit du silence des parties pendant un délai de 10 ans. Ces 10 ans ne commencent à courir que du jour où la partie, dans l'intérêt de la-

---

(1) *Sic* Merlin, Rép. v° *aut. marit.*, sect. 6, § 3 ; Toullier, II, 648; *contrà* Marcadé, I, 564, I ; Demante, I, n° 300 *bis*, VIII; Zacharie, III, 311.

quelle le contrat est annulable, a pu librement en demander la nullité. Ainsi, le délai ne court, pour la femme, qu'à partir de la dissolution du mariage, parce que c'est alors seulement que la femme est libre et n'a pas à redouter les reproches de son mari, sans l'autorisation duquel elle s'est engagée.

Les actes judiciaires sont régis par des règles différentes, et l'art. 1304 ne les concerne nullement.

Le mari, la femme ou leurs héritiers peuvent attaquer les jugements rendus contre la femme non autorisée par les voies ordinaires ou par le recours en cassation, tant qu'ils n'ont pas force de chose jugée; dans le cas contraire, ils sont censés les avoir ratifiés. Le mari a, de plus, l'avantage de pouvoir prendre la voie de la tierce opposition, et, dans ce cas, on ne peut lui opposer que la prescription trentenaire (1).

A l'égard des simples actes de procédure, le mari ou la femme peuvent en opposer la nullité en tout état de cause. La jurisprudence est fixée sur ce point d'une manière certaine.

Modifications apportées à la capacité de la femme par le contrat de mariage.

La femme, sous le régime de la séparation de biens sous lequel nous l'avons étudiée jusqu'ici, est capable des actes d'administration et d'aliénation instantanée de son mobilier, à titre onéreux. C'est le régime sous lequel elle possède le plus d'indépendance. Nous allons étudier les modifications diverses que peuvent faire

(1) Cass., 9 janv. 1822, Montpellier, 27 avril 1831, BIOCHE, n° 163.

subir à sa capacité les clauses insérées dans son contrat de mariage.

Communauté. — Ce régime, sous lequel les époux semblent unis entr'eux par des liens plus intimes, en ce qu'ils mettent en commun, non seulement leurs affections, mais encore tout ou partie de leurs biens, n'est pas, comme on pourrait le croire au premier abord, celui dans lequel la femme jouit de la capacité la plus étendue. Elle se dépouille, en effet, de l'administration de tous ses biens pour en investir irrévocablement son époux qui acquiert ainsi la jouissance de tous les revenus de sa femme.

En perdant l'administration de ses biens, la femme perd aussi les attributs qui s'y rattachent, et, entre autres, le droit d'aliéner ses meubles à titre onéreux. Réduite ainsi à un rôle tout à fait passif jusqu'à la dissolution du mariage, la femme ne peut mettre un frein aux folles dépenses de son époux et reprendre l'administration de sa fortune qu'en ayant recours à la séparation de biens judiciaire.

Celle-ci ne soustrait pas la femme aux effets juridiques de l'incapacité que la loi a attachée à la qualité de femme mariée; mais elle lui fait reprendre la jouissance et l'administration de ses biens, dans laquelle rentre le droit de disposition de sa fortune mobilière, et elle opère la liquidation de la société qui peut, sous tel ou tel régime, avoir été établie entre les deux époux par le contrat de mariage. Ainsi, dans le régime de communauté, elle donne ouverture à tous les droits que la dissolution de la communauté attribue à la femme; dans le régime dotal, elle lui restitue sa dot avec tous les pouvoirs de gestion qui la concernent, lorsque la

dot vient à être compromise par la mauvaise administration du mari; mais elle ne la rend pas aliénable.
Elle peut, enfin, trouver son application, même dans
le cas où les époux sont mariés sous le régime de séparation de biens, lorsque le mari fait un mauvais usage
des fonds qui lui sont remis pour les besoins du ménage,
notamment pour l'éducation des enfants. Ainsi, la séparation de biens est une arme que la loi met dans
les mains de la femme pour protéger sa fortune, comme
la séparation de corps lui sert pour protéger sa personne.

La femme peut s'obliger elle-même avec le consentement de son mari, et nous avons déjà vu que celui-ci
ne pouvait, en règle générale, être engagé envers les
tiers par les obligations que contractait sa femme,
même avec son adhésion, en vertu de cette maxime :
Qui auctor est non se obligat. Or, cette règle ne s'applique pas dans le régime de communauté où les affaires
de la femme intéressent plus ou moins directement le
mari comme chef de la communauté. Ainsi, la femme
qui s'oblige avec l'autorisation de son mari, engage
celui-ci envers ceux qui ont été parties dans l'acte avec
elle. Il résulte, en effet, des dispositions contenues dans
les art. 1409, § 2 et 1419, que les dettes de la femme,
contractées avec le consentement de son mari, engagent
la communauté et son chef, puisque les créanciers
peuvent poursuivre leur paiement tant sur les biens de
la communauté que sur ceux du mari ou de la femme.
On a voulu, par ce moyen, empêcher les fraudes qui
pourraient se commettre. Un mari, qui s'entendrait
avec sa femme pour cela, l'autoriserait à faire des emprunts, sans s'obliger lui-même ; il profiterait ainsi des

sommes empruntées au détriment des créanciers qui n'auraient de recours que contre la femme, ce qui serait d'une injustice révoltante.

Si l'art. 1413 semble poser un principe contraire à celui que nous venons d'établir, ce n'est que dans le cas où il s'agit d'une succession purement immobilière, dans laquelle ni le mari ni la communauté n'ont rien à voir, et qui n'intéresse que la femme exclusivement. L'art. 1413 n'est d'ailleurs qu'une exception au principe posé par l'art. 1419.

Quand le mari est obligé, par suite des engagements de la femme, dans les cas prévus par l'art. 220, il n'est pas, pour cela, soumis à la contrainte par corps, comme on serait peut-être porté à le croire. Aucun doute ne peut s'élever sur ce point en présence des dispositions de l'art. 2063.

La question a été débattue au Conseil d'état et clairement tranchée par ces paroles de M. Tronchet : *L'acte emportant contrainte par corps n'y soumet que la personne qui le signe* (1).

Régime dotal. Les biens de la femme mariée sous ce régime sont dotaux ou paraphernaux. Si la femme ne possède que des biens paraphernaux, elle est dans la même position que la femme séparée de biens, et l'art. 1576 lui confère les mêmes droits. Nous n'avons donc qu'à nous en rapporter, pour ce cas, à ce que nous avons dit plus haut.

Mais il en est autrement des biens dotaux, soit par rapport à leur administration, soit par rapport à leur aliénation.

(1) Fenet IX, 77.

1° *Administration.* Le mari a seul l'administration et
la jouissance des biens dotaux. La loi lui confère, sous
le régime dotal, des droits beaucoup plus étendus que
sous tous les autres régimes; ainsi, il peut exercer,
d'après l'art. 1549, toutes les actions pétitoires immo-
bilières. Cela vient de ce que le Code, tout en rejetant
le principe de la loi romaine, qui considérait le mari
comme le *dominus dotis*, en a conservé les conséquences.

2° *Aliénation.* Le mari a, de plus, le droit d'aliéner,
dans les limites d'une bonne administration, les meubles dotaux. Cette aliénation serait valable, même en
admettant le principe de l'inaliénabilité de la dot mobilière, car le pouvoir d'administrer un patrimoine emporte, dans une certaine mesure, le pouvoir d'aliéner
les meubles qui le composent. La femme ne pourra
faire aucun acte d'aliénation, même mobilière, sans
l'autorisation de son mari.

Inaliénabilité du fonds dotal. Sous tous les régimes,
excepté sous le régime dotal, la femme mariée peut
être relevée de l'incapacité d'aliéner ses immeubles,
par l'autorisation de son mari ou, à son défaut, par
celle de la justice. Cette exception à l'inaliénabilité du
fonds dotal a pour objet, non comme autrefois de favoriser les seconds mariages que la loi voit aujourd'hui
avec peu de faveur, mais de protéger la femme contre
sa propre faiblesse et la séduction de son mari, en
enlevant à celui-ci le moyen de dissiper les biens des-
tinés aux besoins du ménage, à l'entretien de la femme,
à l'éducation et à l'établissement des enfants. Mais
cette incapacité absolue qui frappe la femme, n'est que
le résultat des conventions matrimoniales ; aussi peut-

elle s'en affranchir, tout en choisissant le régime dotal
(1557). Mais, il faut, pour cela, une clause expresse,
insérée dans le contrat de mariage.

Il y a, en outre, quelques cas exceptionnels dans
lesquels le principe de l'inaliénabilité se voit forcé de
fléchir devant une impérieuse nécessité, et dans ces cas
même, la femme ne peut aliéner ses immeubles dotaux qu'après avoir été habilitée par la justice et en
observant certaines formalités qui la mettent à l'abri
de toute fraude.

Hypothèque légale de la femme mariée. — La femme
mariée a excité de tout temps la sollicitude du législateur. La position subalterne, dans laquelle la plaçait le
mariage vis-à-vis de l'époux qu'elle s'était choisi, devait inspirer des craintes légitimes relativement aux
biens qu'elle lui apportait pour subvenir aux charges
du mariage et dont il était, pour ainsi dire, le libre
dispensateur. Aussi la loi romaine fut-elle la première
à lui accorder des sûretés pour ses reprises matrimoniales (1), et le droit de Justinien devint bientôt après
le berceau de l'hypothèque légale. Cet empereur, dans
sa sollicitude pour la conservation de la dot, accorda
à la femme, pour la recouvrer, une hypothèque légale
sur tous les biens de son mari, hypothèque qui tirait
son existence de la seule force de la loi (2). Il alla plus
loin et décida, par la fameuse loi *Assiduis* (3), que la
femme aurait le droit d'être allouée, pour sa dot, avant
tous les créanciers du mari, même antérieurs à elle;
privilége exorbitant que n'a pas admis notre code et

(1) *Actio rei uxoriæ.*
(2) L. uniq. C., § 1, *de rei uxoriæ actione.*
(3) L. 12, C., *qui potiores in pign. habeant.*

qui s'étendait même à la dot de la femme dont le mariage était, par la suite, déclaré nul, lorsque celle-ci ignorait le vice de son union (1).

Le Droit civil français a consacré le principe de l'hypothèque légale de la femme mariée, avec les traits caractéristiques qu'il avait chez les Romains, mais en l'adaptant à nos mœurs et à nos lois actuelles.

L'art. 2121 accorde à la femme mariée une hypothèque légale sur tous les biens de son époux, pour ses *droits* et *créances*. La généralité de ces dernières expressions nous montre assez que l'hypothèque légale s'applique à toutes les créances que la femme peut, en sa qualité d'épouse, avoir sur son mari, à quelque titre que ce soit et sous quelque régime qu'elle soit mariée. Le mariage putatif lui-même, si la femme est de bonne foi, produit chez nous comme chez les Romains une hypothèque à son profit.

L'hypothèque légale de la femme mariée est générale et embrasse tous les biens de son mari, présents et à venir, à mesure de leur acquisition (2). Elle commence à avoir son effet, pour les créances provenant des conventions matrimoniales, le jour du mariage et non le jour du contrat de mariage, comme on a voulu le soutenir (3); car ce n'est qu'au jour du mariage que la femme se trouve investie de la qualité à laquelle son hypothèque est rattachée. L'art. 2135, § 2, s'en explique clairement, et si les art. 2194 et 2195 semblent déclarer le contraire, ce n'est que par une

(1) L. 22, *in fine.* D. *solut. matrim.*

(2) Voir cependant l'art. 563 du code de commerce.

(3) Troplong , t. ii, n° 583.

équivoque qui a introduit dans ces articles le mot contrat de mariage pour désigner le mariage lui-même(1).

En ne tenant pas même compte de cette explication,
et en prenant d'une part l'art. 2135 et d'autre part les
art. 2194 et 2195, nous donnerions la préférence au
premier par cette considération qu'il est spécial à la
matière dont il s'agit et qu'à ce titre, il doit être con-
sidéré comme décisif (2).

L'art. 2135 dispense, en outre, l'hypothèque légale de
toute inscription; mais comme il n'était expressément
question dans cet article que des créances dotales, on
avait douté un moment que ses dispositions pussent
s'appliquer aux créances paraphernales, qui semblaient
exclues par son silence, du bénéfice de la dispense d'inscription. Cette doctrine est cependant aujourd'hui
généralement abandonnée, et la jurisprudence a décidé
par un grand nombre d'arrêts que les créances paraphernales étaient, comme les créances dotales, exemptes
de toute inscription pour fixer le rang de l'hypothèque
légale (3).

Malgré ces dispositions, la femme peut cependant,
quand il lui plaît, prendre inscription sur les biens de
son mari : il est même des cas, dans lesquels elle est
contrainte de le faire, si elle ne veut pas exposer ses
droits; tel est celui où les tiers acquéreurs remplissent
les formalités de la purge (2194-2195).

La femme ne peut exercer aucune poursuite, pour

(1) Potnier , *contrat de mariage* , n° 2.
(2) 19 août 1840, rej, S, 1, 849.
(3) 11 juin 1822, cass. S. 1, 379 ; 6 juin 1826, cass. S. 1, 161 ;
28 juillet 1828, cass. S. 1, 297; 30 mai 1834, Grenoble, S. 2,
478 ; *sic* Duranton, tom. XX, n° 52 ; Rodière et Pont, contrat de
mariage, tom. II, n° 729.

raison de ses droits, contre son mari, jusqu'au jour de la dissolution du mariage ou de la séparation de biens, à moins qu'un ordre ne soit ouvert avant cette époque. Elle peut restreindre son hypothèque légale à certains immeubles de son mari, mais elle ne peut y renoncer au profit de celui-ci, tandis qu'elle peut en conférer le bénéfice à des tiers, soit en abdiquant le droit de se présenter à l'ordre, soit en subrogeant ces tiers à son hypothèque légale, soit en affectant ses créances hypothécaires par un nantissement, conformément aux dispositions de l'art. 2075 du Cod. Nap. Cette renonciation, qui n'était autrefois soumise à aucune formalité, devra, pour être valable, présenter désormais l'observation des dispositions de la nouvelle loi sur la transcription, du 23 mars 1855, dont l'art. 9 est ainsi conçu : « Dans le cas où les femmes peuvent
» céder leur hypothèque légale ou y renoncer, cette
» cession ou renonciation doit être faite par acte au-
» thentique, et les cessionnaires n'en sont saisis, à
» l'égard des tiers, que par l'inscription de cette hypo-
» thèque prise à leur profit, ou par la mention de
» la subrogation en marge de l'inscription préexis-
» tante (1). »

Contrainte par corps. — La femme, par une faveur toute spéciale attachée à son sexe, échappe aux rigueurs de la contrainte par corps, dans la plupart des cas dans lesquels l'homme y est soumis. Ce principe a été sanctionné par le Code Napoléon, dans l'intérêt des mœurs et par égard pour la faiblesse du sexe. Il doit être appliqué partout où la loi ne vient pas le contrarier par une disposition formelle. L'art. 2066, après avoir formulé la prohibition de prononcer contre la femme la contrainte par corps, fait une exception à cette règle pour le cas de stellionat. Ce délit a des conséquences si funestes pour le crédit que le législateur a dû se montrer d'une extrême sévérité, quand il s'est agi d'assurer la réparation du préjudice qu'il a causé. Il a d'ailleurs pensé que la menace de la contrainte par corps aurait sur la femme une puissance d'intimidation très-grande, qui rendrait fort rare l'emploi de cette mesure de rigueur. De plus, ce n'est que dans le cas où la femme est séparée de biens et jouit d'une administration qu'elle s'est réservée, que la contrainte par corps peut l'atteindre comme stellionataire.

La femme est encore soumise à la contrainte par corps, en matière civile, pour détournement de deniers ou d'effets mobiliers publics, d'après les dispositions de l'art. 12 de la loi du 17 avril 1852. La garantie de la contrainte par corps est nécessaire à l'Etat comme au commerce, pour soutenir son crédit. Affranchir les femmes de cette peine, c'était les priver de l'exercice de certains emplois publics qu'elles sont aptes à remplir.

La femme qui fait le commerce est soumise à toutes les rigueurs de la contrainte par corps. Sa qualité de femme mariée ne la protége pas contre les droits spéciaux de son créancier, pour tout ce qui se rattache au crédit industriel. Mais pour qu'elle soit contraignable par corps, il faut que le commerce soit sa profession habituelle; car, en faisant des actes isolés de commerce (1), ou en souscrivant des lettres de change, acte éminemment commercial (art. 113, 632 Cod. Comm.),

_____

(1) Loi du 17 avril 1832, art. 2, § 1.

elle ne compromet nullement sa liberté pour le cas où elle ne pourrait pas exécuter ses engagements, et reste sous l'empire de l'art. 2066.

Le mari peut-il être contraignable par corps, par le fait de commerce de sa femme marchande publique? Cette question était autrefois résolue affirmativement par la majorité des interprètes de la coutume de Paris (1), qui avaient établi ce brocard vulgaire : *Le tablier de la femme oblige le mari* (2). Il n'en est pas de même aujourd'hui que la contrainte par corps est une mesure personnelle admise difficilement, et dans les cas seulement où la loi s'en est expliquée. Cependant les termes un peu obscurs de l'art. 1er de la loi du 17 avril 1832 ont fait naître quelque doute à cet égard : il y est dit, en effet, que « la contrainte par corps sera pro-
» noncée, sauf les exceptions et modifications ci-après,
» contre toute personne condamnée pour dette commer-
» ciale, au paiement d'une somme principale de deux
» cents francs et au dessus. » Mais nous ne trouvons pas dans la rédaction, un peu vague, de cet article des motifs assez puissants pour soumettre à la contrainte par corps le mari, à raison des engagements de sa femme commerçante. La contrainte par corps, en effet, ne peut atteindre que la personne qui a signé l'acte, comme l'a fait remarquer très-judicieusement M. Tronchet au Conseil d'État, au sein duquel la question fut discutée.

(1) *Coutume de Paris*, art. 234, 235, 236; BRODEAU sur LOUET, v° *Femme.*

(2) DUMOULIN, *Apostilles sur l'ancienne coutume de Paris,* art. 114. — Arrêt du parlement de Paris, du 22 février 1628.

La femme condamnée devant un tribunal criminel ne mérite plus cette protection bienveillante dont l'entoure la loi dans d'autres circonstances. Elle reste donc soumise, dans ce cas, à la contrainte par corps, suivant les règles du droit commun.

CONCLUSION.

Nous avons ainsi parcouru les phases diverses qu'a dû subir, sous l'influence du progrès et de la civilisation, la condition des femmes, tant dans le droit ancien que dans le droit actuel, et nous avons pu remarquer que si leurs droits ont pris une extension de plus en plus large, c'est grâce à leur mérite personnel, qui s'est accru dans la même proportion. Le christianisme a opéré dans le monde païen une révolution dans les idées, qui a tourné à l'avantage des femmes, et le nouveau culte leur a donné, dans la famille, une place qui, tout en agrandissant le cercle de leur liberté et de leurs fonctions, les a forcées à sortir de cet engourdissement apathique dans lequel les tenait enchaînées un pouvoir exorbitant, et à marcher, elles aussi, dans la voie du progrès.

Mais l'ambition de la femme ne doit pas sortir du foyer domestique, et son caractère faible et timide lui défend de paraître sur la scène publique. Sa place naturelle est dans le giron de sa famille, où sa bonne conduite et sa sage administration peuvent, en contribuant à la prospérité du ménage, rendre de grands services à l'humanité.

POSITIONS.

HISTOIRE DU DROIT.

Les justices patrimoniales constituaient, dans l'origine, une dépendance des fiefs; la maxime de Loysel : fief, ressort et justice n'ont rien de commun ensemble, signifiait seulement que le droit de rendre la justice n'était pas toujours inhérent au fief et pouvait en être détaché.

DROIT ROMAIN.

I. D'après la législation de Justinien, l'usufruit peut s'acquérir par la prescription, malgré l'adage : *res incorporales usucapionem non recipiunt.*

II. Le droit de tester émane du droit naturel, et le testament doit être envisagé, selon les principes du Droit romain, comme une institution du Droit des gens.

III. Le pupille peut, sans le concours de son tuteur, perdre la possession ; mais il ne peut la transférer à un autre.

IV. La distinction entre l'*uxor* et la *concubina* était, dans certains cas, difficile à établir ; toutes les fois qu'il y avait union entre deux personnes de condition égale, on supposait qu'il y avait justes noces ; au contraire, pour les personnes *impares honestate*, la présomption était que la femme avait été prise à titre de concubine, sauf la preuve contraire, qu'on avait soin d'établir par des *acta dotalia.*

DROIT FRANÇAIS.

(Code Napoléon).

I. La femme qui veut faire annuler son mariage, n'a besoin de demander l'autorisation ni à son prétendu mari ni à la justice.

II. Le mariage putatif peut avoir pour effet de légitimer un enfant naturel.

III. L'usufruit peut être acquis par la prescription.

IV. L'hypothèque légale de la femme frappe les conquêts de la communauté, et les suit même dans les mains des tiers acquéreurs, lorsqu'ils ont été aliénés pendant le mariage.

V. Le devoir que fait la loi aux époux de s'assister lorsqu'ils sont dans le besoin n'existe que de leur vivant, et les obligations qui en sont la suite ne passent pas aux he.'tiers ; il en résulte que le conjoint survivant ne peut, dans aucun cas, réclamer une pension alimentaire contre les successeurs du prédécédé.

VI. L'usufruit peut être l'objet d'un fidéicommis, sans que cette disposition puisse être attaquée comme substitution prohibée.

VII. L'incapacité de donner dont est frappé le condamné à une peine afflictive ou infamante perpétuelle par l'art. 3 de la loi du 31 mai 1854, est applicable à la donation par contrat de mariage, en faveur de l'enfant, et s'étend même au cas où le condamné a prescrit sa peine ou a été gracié.

VIII. Il y a danger à n'accepter qu'une hypothèque spéciale sur un fonds déjà grevé d'une hypothèque générale ; il peut, en effet, arriver que, dans le concours de deux hypothèques spéciales portant sur des fonds divers, le dernier créancier inscrit obtienne son paiement et que le premier, quoique antérieur en date, ne l'obtienne pas.

PROCÉDURE.

I. Le créancier ayant une hypothèque légale est suffisamment mis en demeure de l'inscrire par les formalités de l'expropriation forcée ; après la transcription du jugement d'adjudication, le droit de suite n'existe plus en sa faveur, mais il a conservé le droit de préférence, et il pourra le faire valoir dans l'ordre contre les autres créanciers.

II. Il n'y a pas obligation pour les tribunaux civils de se déclarer incompétents, par rapport à une affaire qui est du nombre de celles dont la connaissance est attribuée aux juges de paix ou aux tribunaux de commerce.

III. Primus est en procès avec Secundus, relativement à la propriété d'un immeuble que ce dernier revendique ; Primus vend cet immeuble pendant le procès à Tertius ; Secundus obtient contre Primus un jugement qui le déclare propriétaire de l'immeuble vendu ; il fait transcrire son jugement avant que Tertius ait fait transcrire la vente qui lui a été consentie. Ce dernier n'a, dans ce cas, que la voie de la tierce opposition pour faire réformer le jugement obtenu par Secundus, et sa tierce opposition n'aura quelque chance de succès qu'autant qu'il établira que Secundus n'a été déclaré propriétaire qu'à suite d'un concert frauduleux.

DROIT ADMINISTRATIF.

I. La folle enchère, qui constitue le droit commun en matière de ventes judiciaires, est aussi applicable aux ventes aux enchères faites par l'autorité administrative.

II. Les servitudes d'utilité publique ne donnent point, en principe, droit à une indemnité, même lorsque les réglements sont muets à cet égard.

III. Le préjudice qu'éprouve un particulier dans l'exercice de son industrie par l'effet de travaux exécutés pour le service public de la voirie, ne lui confère pas le droit de demander des dommages à l'administration.

DROIT CRIMINEL.

I. Il n'y a pas tentative punissable lorsque la consommation du crime est impossible par l'inefficacité des moyens employés pour y arriver.

II. Le testament fait par le condamné, pendant qu'il subissait les effets légaux d'une condamnation à une peine afflictive perpétuelle, est valable, si ce condamné meurt après avoir profité de l'amnistie.

III. L'acheteur en position d'établir le dol du vendeur qui savait que l'animal vendu était atteint d'une maladie contagieuse, peut porter son action en dommages devant les tribunaux correctionnels (459 à 462, C. pén). Cette action n'est éteinte, dans ce cas, que par la prescription de trois ans (638, inst. crim.).

IV. Les simples complices des soustractions commises par les personnes désignées dans l'art. 380 C. pén., ne sont pas punissables, lorsqu'ils n'ont ni récélé ni appliqué à leur profit en tout ou en partie les objets soustraits.

Quant aux complices qui ont récélé ou appliqué à leur profit en tout ou en partie ces objets, ils ne peuvent être, dans aucun cas, passibles que des peines du vol simple, établies par l'art. 401 du Code pénal.

DROIT COMMERCIAL.

I. Les commanditaires qui ont touché annuellement les bénéfices répartis entre les associés, ne sont pas tenus, si la société vient à éprouver des pertes, de rapporter les parts de bénéfices qu'ils ont antérieurement perçues.

II. Tous les engagements des mineurs ou femmes mariées commerçants, sont réputés commerciaux, à moins que le contraire ne résulte, soit de la nature de l'acte, soit des énonciations qu'il contient, soit des circonstances qui l'ont accompagné.

III. La donation faite par un père à sa fille d'une somme d'argent, payable seulement au décès du donateur, devient exigible par l'événement de la faillite de ce dernier.

DROIT DES GENS.

I. Les vaisseaux de guerre qui stationnent dans les ports, dans les rades ou dans la mer littorale d'un pays étranger, ami ou neutre, ne sont pas soumis à la législation de ce pays et restent sous l'empire des lois de la nation à laquelle ils appartiennent.

II. Il n'en est pas de même des navires marchands; il y a des distinctions à établir par rapport aux règles qui leur sont applicables.

APPROUVÉ :

Le Doyen de la Faculté de droit,

DELPECH.

VU ET PERMIS D'IMPRIMER.

L'Inspecteur-Général de l'enseignement supérieur, délégué,

F. LAFERRIÈRE.

PRÉSIDENT : M. DELPECH.

SUFFRAGANTS :
- MM. LAURENS.
- RODIÈRE.
- DEMANTE.
- BATBIE.

Cette thèse sera publiquement soutenue dans une des salles de la Faculté de droit, le 6 mars 1856, à 2 heures.

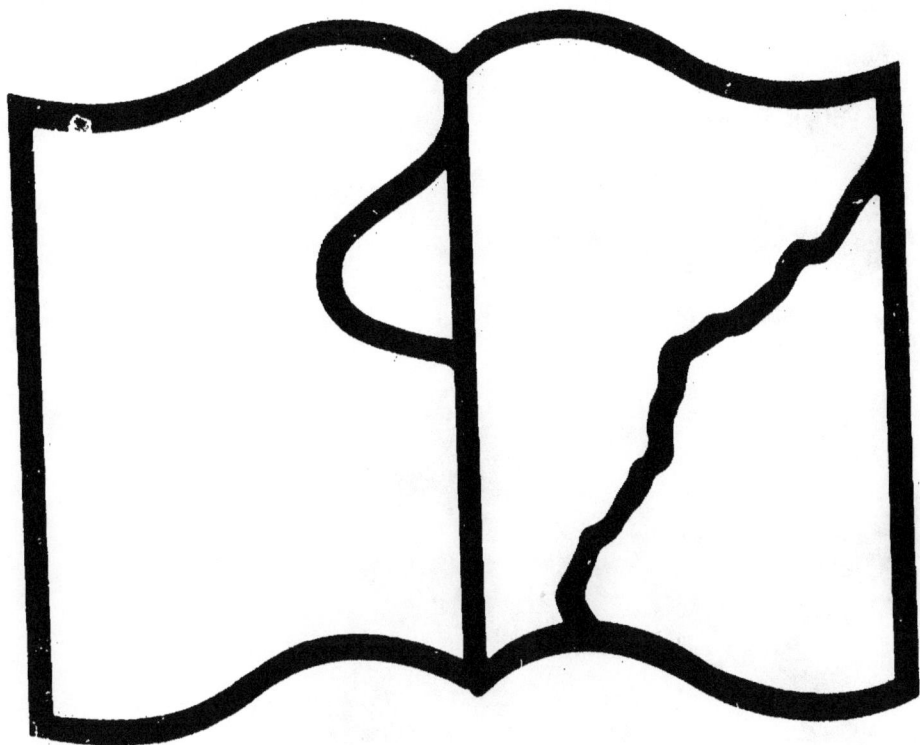

Texte détérioré — reliure défectueuse

NF Z 43-120-11